# 绩效赋能

## 激发员工潜能，打造高绩效团队

郭小磊◎著

中信出版集团 | 北京

图书在版编目（CIP）数据

绩效赋能：激发员工潜能，打造高绩效团队 / 郭小磊著. -- 北京：中信出版社，2020.9
ISBN 978-7-5217-2129-4

Ⅰ. ①绩… Ⅱ. ①郭… Ⅲ. ①企业绩效 – 企业管理 – 研究 Ⅳ. ① F272.5

中国版本图书馆 CIP 数据核字（2020）第 152917 号

**绩效赋能——激发员工潜能，打造高绩效团队**

著　　者：郭小磊
出版发行：中信出版集团股份有限公司
（北京市朝阳区惠新东街甲 4 号富盛大厦 2 座　邮编　100029）
承 印 者：北京通州皇家印刷厂

开　　本：787mm×1092mm　1/16　　印　　张：17.25　　字　　数：180 千字
版　　次：2020 年 9 月第 1 版　　印　　次：2020 年 9 月第 1 次印刷
书　　号：ISBN 978-7-5217-2129-4
定　　价：54.00 元

# 目　录

## 第二篇
## 认识篇 /031

# 推荐序一
# 以热爱战胜焦虑

绩效管理是一个既老又新的话题。该话题老在：关于绩效的理论和方法论经过几十年的发展，日渐成熟，共识多，争议少。该话题新在：直至今日，绩效管理仍然是多数中国企业在日常管理中的一大挑战，执行落地的成效总是不尽如人意。

当我与一家大中型民营企业的董事长聊起绩效管理时，他很认真地问我："杨老师，你是做咨询、培训的，见的企业多，我很想知道，中国的民营企业到底有没有绩效做得好的？我在跟外面很多企业的老板、同行沟通时发现，没有一家做得好的。所以，绩效管理是不是一个伪命题，我这二十年来，没有怎么做绩效，但是企业不照样运行得挺好吗？"

实际上，这是一种很有代表性的观点，绩效管理在事先约定、事后评定与兑现奖励等方面，以理性、客观为导向的指标设定与流程设计将绩效体系本身描绘得"看上去很美"，但真正的挑战往往在于从"设计"到"执行"之间的落差。受企业文化、管理基础、配套机制、管理风格、中高层管理者意识与能力的影响，很多企业的绩效管理都不尽如人意，甚至带来了一定的负面效应。结果是就像这位老板一样，宁愿不做，不想再碰。

欣闻郭老师将多年绩效管理功法集于一册并出版，着实为他感到高兴。郭老师是科石咨询的合伙人，我认识郭老师十多年，我们之间的关系从同事到朋友，再到创业路上的伙伴和战友。郭老师在绩效管理方面的理论功底深厚，又经历企业和咨询行业双重洗礼，实践经验丰富。我非常欣赏郭老师在专业方面的深度、广度，常年如一日的研究和探索精神，在专项设计与系统思考之间取得平衡的思维模式，以及其个人在生活、身心管理等自我管理方面极度自律的品质。咨询行业是一个极富挑战的行业，需要足够的热爱、长期的积累，需要不断打破自我和追求创新，才能真正取得成就。郭老师不仅是科石咨询公司团队内部标杆，也是整个咨询顾问行业的楷模，这本书是他在绩效管理方面里程碑式的总结与沉淀。

想写绩效管理，很容易，想要写好，不容易。我相信各位读者会在接下来阅读这本书的过程中，体会到书中结构与内容的严谨性、系统性和创新性。

## 今天谈绩效管理，和过去有何不同

由于做咨询顾问的原因，我们对专业理论、实践以及咨询行业市场保持了长久的、持续的关注。今天谈起绩效管理，与过去有何不同呢？十五年前，不论是在企业内部，还是在顾问行业，如果你能够把绩效考核的步骤和流程闭环讲完，表达清楚，你就已经是专家了。如果你能够讲到绩效面谈与反馈，你就更完美了。

而在今天，中国经济快速发展，社会环境不断变迁，科技日新月异，带来了产业、行业的发展与变迁，企业的组织形态不断创新，组织文化和管理机制也在不断颠覆传统，我们的管理对象从80后、90后到即将进入企业的00后。在这一切变化中，对于绩效管理来说，其最本质就是基本假设跟过去相比完全不一样了。如果我们还是运用工业、制造业时代的分工以及标准化、管控式的管理思维，那么这肯定是行不通的。这也是PBC（个人事业承诺）、OKR（目标与关键成果法）等绩效管理工具不断涌现的原因所在。

还有一个很大的变化就是，从管控到引导、赋能转变的大背景，从集团管控到总部赋能，从科层组织到矩阵式、流程化、平台化、生态型、客户中心型组织，以及对新生代员工的引导，都体现了新时期管理逻辑的变迁。

## 走过的路，踩过的坑

基本假设与管理环境的变化使得企业在绩效管理方法上连续踩坑，不管不行，一管就错。最后，绩效管理的权威性被打破，从高层到普通员工，对绩效管理充满质疑声，绩效文化彻底坍塌。

常见的误区包括以下几个方面。

第一，重视硬件，忽视软件。重视绩效管理体系设计，忽略绩效变革意识与流程的管理，绩效体系从指标到流程没有任何毛病，但就是推不下去，多种原因（人、文化、高层意识等）导致企业始终难以打造真正的绩效文化与氛围。

第二，完整有余，敏捷不足。绩效体系完整而全面，从绩效管理这个“局部”来看，它没有任何问题。但是，在企业这个“系统”中，它对系统不但不会促进，反而是一种损伤和损失。比如，评价流程长、支撑要素过多、评价成本高等问题，影响了业务进程，增加了管理成本，降低了运营效率。

第三，认知错误，角色颠倒。高层对绩效管理的重视转化为对人力资源部的要求，同时人力资源部“太主动，太有主人翁意识”，以至大家对绩效管理体系抱有一种评价心态——“我们公司的绩效管理做得不够好”，无法建立部门负责人是绩效管理唯一责任人的理念。

第四，强调微观，忽略宏观。绩效管理与战略规划及战略解码过程脱钩，组织绩效管理与岗位绩效管理倒挂，企业甚至没有意识到是组织绩效在决定整个绩效管理的内容与流程体系。

第五，指标温和，牵引不足。绩效指标没有体现引导组织功能发展和价值创造的目的，考核指标几乎等同于岗位职责，这是大部分企业在做绩效指标时面临的共性问题。指标的价值感太低，无法驱动、牵引更高的价值创造，危机感、创新度、挑战性不足。

综上所述，专业设计仅仅是一个方面，如何管理绩效管理过程中的角色分工、开展逻辑与实施运维是目前多数企业面临的关键挑战，它们走过很长的路，踩了很多的坑，付出了很大成本，得到的却是一堆遗憾与不堪。

## 如何理解从绩效管理到绩效赋能

任何一家企业，都有三层架构，即岗位结构、组织结构和治理结构。因为传统人力资源管理建构在岗位结构的逻辑之上，所以才有了六大模块之分。从组织结构与治理结构来思考问题，绩效要关注转换视角，从战略视角、业务视角出发，用同理心和换位思考，与高层、业务管理层建立统一阵营，破除管控与评价思维，建立帮助、服务、驱动和引导思维。这一路径可能是这样的一个过程：

第一，从绩效考核到绩效管理。

绩效考核的思维是从事先约定和事后评价到评价结果的应用。这一过程重评价，轻流程。从绩效考核到绩效管理，就是要强化沟通、回顾与改进这三大互动形式，以互动促进考核者与被考核者转变认知，关注“创造而非评价”价值。

第二，从绩效管理到管理绩效。

管理者最核心的任务之一是管目标，管目标就是管绩效。因此，人力资源管理或绩效管理团队需要引导管理层转变角色认知。管理者搭建了绩效管理体系，解决了流程问题，做好了互动，并不意味着成功。重流程和轻角色，只能改变一时，如果直线经理主动关注并投入绩效管理过程，那么即便绩效体系有若干瑕疵，他们仍然可以将绩效成效做到完美。反之，不论体系多完善，如果意识和能力没有到位，那么一切都是白搭。所以，对于绩效管理来说，意识和文化是1，其他都是0。

第三，从管理绩效到发展绩效。

角色转变之后，绩效的进阶将聚焦在如何打造卓越绩效管理体系上，卓越的核心在于重价值和轻形式，体现在目标与绩效指标本身的前瞻性、未来性上，从而为业务发展（“多打粮食”）和组织能力打造（“增强土地肥力”）带来了激发、牵引作用，还带来了组织协同效用和内外部客户价值。从这一层面来讲，管理者就可以做到驱动绩效、发展绩效而非考核，绩效管理的形式也会更轻便、更敏捷，同时价值感和综合效能会更高。

咨询顾问强调，企业在解决问题时要“虚实结合”，不但要提出理念，还要有具体的实施方案，避免说“正确的废话”。以上理念，也是我和郭老师多年来的经验和心得，具体的思路和逻辑，以及关键的工具与方法，都可以在这本书中找到对应的内容。

## 与问题共存，并有所作为

我们在日常管理中遭遇的问题往往分为两种：一种是当下的痛点，另一种是未来的挑战。这些问题随着公司业务的发展和组织的发展不断产生和变异，于是管理没有完美的答案，只有永恒的追问和持续的改善。我们不断解决问题，面对各种各样的挑战，应对企业发展之“熵”，这既是管理的挑战，也是管理的魅力所在。这些让我们产生焦虑、压力，激发我们的动力，驱动我们不断迈向更高的山峰和获得更大的成就感。

我们要在心智上升维思考，跳出绩效管理，跳出人力资源专业，从产业发展、行业发展以及企业业务发展的视角来审视组织发展中的问题与挑战，从组织干预、绩效干预、绩效赋能的角度来升级绩效管理体系，系统思考，点状出击，用务实、实用的方式去实现绩效管理服务解决业务问题和助力战略实现的目标。

同时，我们也要在情绪上破除不安和焦虑，不抱怨，不放弃，建立信心。以热爱战胜焦虑，融入和认同当前环境，与问题共存，并有所作为。最后，我想以瑞·达利欧在著名畅销书《原则》开篇中的一首小诗作为本序的结尾。借这本书出版的契机，我们希望与中国的企业、企业家和管理者一道，不断探索绩效管理和企业管理，携手前行，共创价值，在更美好的未来相遇。

时间就像一条河流，
载着我们顺流而下，
遇到现实，需要决策，
但我们无法停留，
也无法回避，
只能以最好的方式应对。

杨冰

科石咨询创始人兼首席执行官

2020年7月于上海

# 推荐序二
# 绩效赋能是绩效管理的未来

我和郭老师是认识多年的朋友，郭老师目前也是我们公司（半亩花田）的HR（人力资源）三支柱中的COE（人力资源领域专家）、常年顾问。

2017年，随着公司的快速发展，员工越来越多，业务越来越细化，公司有点儿管不过来业务部门了。这就对人力资源管理的需求越来越多，对人力资源专业性要求越来越高。于是，我们带着问题开始向外部探索、求助。经介绍，我认识了郭老师。当时，我们详细沟通了很多问题。我感觉他很专业，他开阔了我们的视野。我与郭老师合作的第一个项目是“任职资格测评”，因为当时我们公司人力资源体系还没有打通，需要用任职资格来串联。项目评估效果很不错，紧接着我们又开展了“薪酬项目”、“绩效项目”和“全年顾问项目”。我们现在的整个激励体系也是在郭老师的指导下逐步完善起来的，多年的合作经历也提升了我对整个绩效管理的认识。

## 绩效考核与绩效管理的关系

企业初期做绩效时，一般做的都是绩效考核，重点在“考核”上，员工直接的感触就是受到约束。一线经理也感觉很难做（之前都是兄弟，现在却要考核），直接和员工站在对立面。这也是企业初期做绩效容易失败的原因。

绩效管理是一个PDCA循环（戴明环）链条，从绩效计划、绩效辅导、绩效考核到绩效反馈，绩效考核只是其中的一个环节或者工具。然而，企业最重要的不是绩效考核，而是通过绩效管理提升员工的业绩、能力和素质，提升企业的整体效率和组织能力。

## 绩效管理的灵魂是绩效沟通（辅导）

我个人非常看重绩效沟通，我认为绩效沟通是整个绩效管理中最重要的环节，组织可以没有绩效考核，但不能没有绩效沟通。所有绩效管理的工具，不管是KPI（关键绩效指标）、OKR、BSC（平衡计分卡），还是去KPI、去考核化，无论形式怎么变，都离不开绩效沟通，绩效沟通也是绩效赋能的重要工具。各位人力资源从业者一定要好好研究绩效沟通，研究其方式、内容和形式的很多技巧，例如“悬挂目标法”“批评与自我批评法”等。绩效沟通会让我们的管理变得简单，因为绩效沟通能使我们的思想达成一致，使我们的效率变得更高。

## 绩效管理要回归绩效赋能

什么是赋能？其不能而使其能即赋能，管理终归是要回归到赋能上来的。

我们的公司架构完全是赋能的结构，公司的组织模式分为前台、中台和后台。前台是业务（项目）团队，中台是资源支撑团队（供应链），后台是平台职能团队。后台赋能中台、前台，后台、中台赋能前台。在管理上，一线经理最大的职责是“培养人”，为一线业务团队提供资源支持。怎么做？赋能！推动员工成长。

如果企业想真正创造价值，那么我们不能只关注“绩效活动”，而要关注“成果和产出”。绩效管理“要以客户为中心进行重构”，呈现一种新的绩效形态。管理者和员工之间不再是单一的指挥链，而是共荣共生的赋能形态，是唇齿的关系。

我能为这本书作序，感到非常荣幸，希望这本书能够帮助到更多的人力资源从业者和各企业中高层管理者。用心品读，我相信你会受益匪浅。

王晓江

半亩花田首席运营官

2020年6月

# 自 序

绩效管理算是企业管理里面一个比较“老”的话题了，这几年虽然很多公司和组织在绩效管理的形式上都在做一些创新，但是绩效管理的核心理念并没有本质的改变，本书同样如此。因此，请正准备阅读本书的各位读者“不要对本书抱太大的期望”。我必须诚实地说，本书更多的是在前人的基础上做了一些细化的总结和“微创新”。之所以我在没有太大创新的情况下还要写本书，是因为我在做过了几年的咨询和企业HR之后，对绩效管理的方式有了一些自己的感悟和总结，我认为这些感悟和总结是可以帮到一些人和公司的。

我先来说说写本书的原因。在刚开始工作的几年里，我对绩效管理其实是“害怕”的，因为我发现这项工作往往“出力不讨好”——员工反感、中层反对、高层反本质（很多公司高层要么希望绩效能很快产生效果，要么希望绩效管理能解决管理的一切问题）。但是，在第二次进入咨询行业大约一年后（后面会简单介绍我的职业生涯），我发现自己必须克服这种“害怕”心理，因为越难的东西对企业越有价值。作为咨询顾问，解决难题应该是我的“天职”。于是，我开始研究绩效管理，进而研究管理，因为我发现，要想做好绩效管理，就不能仅仅就绩效管理谈绩效管理。我在深入研究的基础上结合自己在企业的实操案例，逐步形成了本书的核心思想，逐步在更多企业咨询中采用这一思想并产生了不错的效果（落地执行率基本达到了100%）。我是在2017年年中开始写本书的，用三年多的时间写一本书是一个很漫长的过程。一方面，咨询工作比较忙，我没有太多的时间写书；另一方面，我写写改改，本书的结构和内容也经过多次的调整。所幸的是，本书终于完稿了。对于书中的内容，各位读者如果有不同的见解，那么请随时“斧正”，本人将不胜感激。

这里我大概讲一下我的职业生涯：我是从2008年硕士研究生毕业开始接触咨询行业的，当时咨询的方向就是人力资源管理，我本科学的是信息管理，研究生学的是数量经济学。因此，我不是管理的科班出身，更不是人力资源管理的科班出身，但是我发现自己对人力资源管理咨询非常感兴趣，因为这项工作很有挑战性，而且我能从中学到更多东西。做咨询几年后，我发现自己遇到了瓶颈，因为我从来没有在企业里做过HR，我却要给企业的HR做专业的方案。刚开始的时候，我有点儿初生牛犊不怕虎的闯劲儿，但是时间长了，我开始有些“心虚”。因此，我毅然从咨询公司离职，进入企业去做实实在在的HR。经过痛苦的转型（换了几家公司，我才明白，虽然我都是在做人力资源的工作，但是咨询和人力资源其实是两个行业，工作的语言大部分都是不一样的），我终于在一家公司（为了进这家公司，我甚至做出了降薪的决定）站稳了脚跟。对企业人力资源非常熟悉之后，我抱着发挥更大价值的理想，再次回到了咨询行业。这一次，我的思维方式发生了很大的转变——第一次的咨询经历可以说是在试图做“最专业”的咨询方案，但在企业里面走了一圈之后我才发现，企业需要做的是“最有用”的方案。虽然这两个“最”不完全冲突，但很多时候“最有用的”往往不是“最专业的”。于是，我在基本的专业基础上坚持的一个理念就是“有用比有道理更重要”。因此，每次做方案时，我首先会想的是这个方案能不能被有效执行。

本书将绩效管理的发展分为三个阶段：绩效考核阶段（代表过去的情况，该阶段只重视结果考核）、绩效管理阶段（代表当前大多数的情况，该阶段重视绩效管理的过程，但是由于不重视知识型员工的诉求，所以大多数绩效管理的效果一般）、绩效赋能阶段（代表当前和未来的趋势，该阶段回归以人为本，能真正发挥绩效管理的效能）。本书的核心内容是基于绩效管理的绩效赋能阶段设计的模型：C-PDCA-S模型。

- C（Culture and Conscious）——绩效文化与绩效意识。
- P（Plan）——设定指标与制订计划。
- D（Do）——计划执行与跟踪辅导。
- C（Check）——结果评估与结果分析。
- A（Action）——结果应用与反馈沟通。
- S（Staff）——员工发展。

本书分为三大部分：

第一部分是准备篇，本篇主要介绍一些与绩效管理相关的基础知识，引入绩效赋能的概念，并初步介绍绩效赋能体系模型。本部分包括第一章到第二章共两章内容。

第二部分是认识篇，本篇是本书的核心，以C-PDCA-S的六个部分为核心详细介绍了绩效赋能体系的内容，针对在搭建绩效赋能体系过程中的一些细节问题，提出了解决办法。本部分包括第三章到第八章共六章内容。

第三部分是应用篇，本篇主要介绍绩效赋能体系实际运行中的一些特殊场景的操作技巧，并列举了两个实际案例。本部分包括第九章到第十二章共四章内容。

本书区别于传统绩效管理类图书的特点主要体现在以下几个方面。

- 全面、落地：本书完整地介绍了绩效管理的过程（除了传统的绩效管理PDCA过程外，还包括意识引导与培养、员工培养），以及在操作中可能出现的所有细节问题的详细解决方案。

- 关注人性：传统的绩效管理类图书更多关注机制的搭建，而本书强调绩效管理应该“以人为本”。
- 拓展了绩效管理的目标：传统的绩效管理类图书强调关注目标的完成，而本书在强调完成目标的基础上更关注绩效管理过程中个人的成长。
- 更关注绩效管理的过程：传统的绩效管理类图书重视的是绩效指标的制定以及结果的考核，而本书认为绩效管理的过程管理更重要。
- 基于多年的成功咨询经验：本书是在我多年人力资源咨询经验的基础上总结出来的，书中的内容都已经过实践的检验，是可以实操且有价值的。

在形成本书的一些思想和写作本书的过程中，我要感谢的人有很多。首先，我要感谢的是我的众多客户，感谢你们在合作过程中的支持和理解；其次，我要感谢的是过去和现在的工作伙伴，感谢你们对我的工作和成长的帮助；最后，我要感谢的是我的爱人、女儿和其他家人，是你们的鼓励和支持才让我最终完成本书的。

郭小磊

2020年6月

# 第一篇
# 准备篇

本篇将主要介绍一些与本书内容相关的基础概念，并对绩效赋能体系进行初步介绍。

第一章

# 人力资源与绩效管理通识

这里先介绍几个人力资源管理的知识，这些知识是后续内容的基础。

## 人力资源管理基本理论与企业发展

### 宏观人力资源管理与微观人力资源管理

提起人力资源管理，很多人首先想到的是人力资源部门。其实，企业存在宏观人力资源管理和微观人力资源管理。

宏观人力资源管理包括企业所有对人管理的行为，这里面不仅包括人力资源部门承担的人力资源管理职能，还包括所有的管理者承担的对人的管理职能。从重要性的角度来说，人力资源部门承担的管理职能主要是为了协助部门进行人力资源管理，也就是说，各级管理者才是人力资源管理的主角，“每个团队主管都是半个人力资源经理”是所有的管理者应该具备的基本思想。

微观人力资源管理是指人力资源部门发挥的人力资源管理职能，传统的六大板块管理和现在很多企业用的人力资源“三支柱”的管理都属于微观人力资源管理的领域。

从两者关系的角度来看，微观人力资源管理更多的是为宏观人力资源管理提供理念、方法和工具，从而协助宏观人力资源管理发挥更大的价值。

## 操作型员工与知识型员工

管理大师彼得·德鲁克在《21世纪的管理挑战》中写道：“在20世纪，管理所做的最重要也是唯一的贡献就是，把生产过程中体力劳动者的生产率提高了50倍；在21世纪，管理需要做出的最重要的贡献是，使知识型员工的生产率得到同样的提高。”

这里揭示了两类员工群体，即操作型员工与知识型员工，他们分别是20世纪和21世纪企业员工的主体。操作型员工是指依靠付出体力、按照标准操作流程、不需要加入太多自己的思考而进行工作的员工。知识型员工是指“那些掌握和运用符号及概念，利用知识或信息工作的人”。目前，在企业工作的大多数白领其实都已经是知识型员工了，甚至在一些企业里，一线的操作工人也开始具有了知识型员工的一些属性。那么，知识型员工有哪些特点，管理者应该如何对其进行管理呢？

我们需要研究知识型员工最看重的是什么。

首先，知识型员工看重欣赏、信任，因信任和欣赏而释放创造力。知识型员工和传统员工最大的差别是，他们渴望伯乐，渴望被发现，渴望知音。因此，面对知识型员工时，我们一定要学会发挥他们的优势，成为他们的伯乐。

其次，知识型员工很有自主性，不喜欢被掌控、被规划。因此，只要企业制定工作总体目标，并在完成目标过程中不断给予知识型员工指导和资源支持，知识型员工就会按照自己的方式完成目标，结果往往也会更好。

再次，知识型员工很在意自己的成长，对未来会有主动的思考，有自己的观念和规划，更加注重机会和挑战，因为他们知道人们只有在机会和挑战中才会更快成长。因此，在企业规划的基础上鼓励知识型员工自我发展是管理知识型员工的最有效方式。有一位管理大师说过，“世界上最荒谬的事情莫过于由企业一肩扛下发展员工的责任”，这句话讲的就是这个道理。

最后，还有一点很重要，企业雇用员工，不仅雇用了他们做事的经验和能力，更雇用了他们的头脑——这才是知识型员工最大的资源。利用好这份资源，企业的收益将远大于成本。

谷歌掌门人埃里克·施密特在其著作《重新定义公司：谷歌是怎么运营的》中讲，谷歌成功的秘密是吸引“创意精英”加入团队，并创造让他们可以茁壮成长的环境。这里的“创意精英”其实指的就是高知识型员工。传统的控制、命令式的管理似乎让这些员工越来越不适应，这是因为传统的管理追求的是效率——用最短的时间做最多的事，而现代企业追求的是效能——用最短的时间办最好的事，这需要更多有自我管理意识、创新意识的知识型员工加入企业。

## X型员工、Y型员工与Z型员工

美国行为科学家麦格雷戈在1957年11月的美国《管理评论》杂志上发表了《企业的人性方面》一文，提出了著名的“X理论-Y理论”，该文于1960年以书的形式出版，并迅速获得人们的认可。

X理论认为：人天生厌恶并尽可能逃避工作，追求安全、安逸；胸无大志，缺乏进取心，不愿承担责任；以自我为中心，大都缺乏解决组织问题的能力；缺乏理性，容易受环境影响。因而，在管理中，为了促使人们努力工作，企业应采用严格的管理制度。比如，明确每个人的任务和责任，进行指挥、控制和监督，强调纪律，建立严格的绩效考核制度以及与绩效挂钩的报酬制度——以经济利益为主要激励手段，使人的行为尽可能地符合组织要求。若员工的行为和工作结果不符合组织的期望，那么组织需要采取严厉的惩罚制度，即“胡萝卜加大棒”的激励和惩罚手段。

X理论以下面几种假设为基础：

第一，人生而好逸恶劳，常常逃避工作。

第二，人生而不求上进，不愿负责，宁愿听从他人。

第三，人生而以自我为中心，漠视组织需要。

第四，人习惯保守，反对改革，把个人安全看作高于一切。

第五，只有少数人才有解决组织问题所需的想象力和创造力。

第六，人缺乏理性，易受骗。

Y理论与X理论相对，将人性假设为喜爱工作、发自内心地愿意承担责任。麦格雷戈在《企业的人性方面》中提出：人的本性是喜爱工作的，要求工作是人的本性；在一般情况下，人们能主动承担责任，是受内在自我兴趣驱动的。Y理论认为，人是热衷于发挥自己的才能和创造性的，大多数人都具有解决组织问题的能力。因而，在管理中，为了促使人们努力工作，管理者应考虑工作对于员工的意义，鼓励员工参与目标的制定，以“启发和诱导”来代替“命令和服从”，用信任代替控制和监督，重视员工的各种需要和内在激励，并尽可能在实现组织目标过程中给予其最大的满足。

Y理论以下面几种假设为基础：

第一，人并不懒惰，他们对工作的喜欢和厌恶决定其工作的心态。

第二，只要条件适当，人都愿承担责任，逃避并非人的天性。

第三，在解决组织问题上，多数人具有高度的创造力和想象力。

第四，人能进行自我指挥和自我控制。

第五，讨厌工作并非人的天性。

Z理论是西方行为科学中有别于X理论和Y理论的管理理论。Z理论是由日裔美国人大内于1981年在其著作《Z理论：美国企业界如何迎接日本的挑战》中提出的。大内在研究美、日企业管理方式异同点的基础上，提出了美国企业应学习日本企业的管理方式。

Z理论强调管理中的文化特性，Z理论主要是由信任、微妙性和亲密性组成的。Z理论的主要内容包括以下方面：

第一，企业应对职工采取长期的雇佣政策。

第二，在日常管理中，企业应提倡上下结合制定决策，鼓励职工参与管理。

第三，企业应提倡实行个人负责制，并进行创造性管理。

第四，管理者应全面关心职工，并与其建立融洽的关系。

第五，企业应对职工进行全面的知识和技术培训。

第六，企业应对职工进行长期、全面的考核和评价，并对员工采取稳步提升的管理机制。

第七，企业应采用正规的检测手段和不正规的控制机制相结合的方式来管理员工。

其实，X理论和Y理论跟我们古人提出的人性本恶和人性本善是异曲同工的，而Z理论更多的是将X理论与Y理论进行了融合。Z理论也正是为日本20世纪快速发展做出贡献的年功序列制的理论基础。

从管理的角度来看，科学管理之初，企业更倾向于用X理论管理员工；随着人们对管理的认识越来越深刻，德鲁克的现代管理思想开始倾向于Y理论；现在，随着知识型员工的崛起，Z理论开始在管理中发挥更大的作用。

# 绩效管理的起源与发展趋势

## 绩效管理的起源

现代绩效管理起源于西方，但是中国古代的官场早就有了绩效管理（考核）机制。

绩效考核，在中国古代被称为“考课”“考绩”“考功”等，是对官员履行职责情况的考察，主要是政绩考核。政绩考核萌芽于尧舜，历朝历代对其均有遵行并有一定改进，至唐朝已基本完善。明清时期的人事考核是集历代之大成，被称为京察、大计。京察一般是对四品以上京职官员的考核，大计是对其他官员的考核，如表1-1所示。

表1-1 明清时期的人事考核标准

| 项目 | 京察 | 大计 |
| --- | --- | --- |
| 考核周期 | 洪武时期，规定三年一考，后改为十年一考；弘治年间，规定六年举行一次，清代改为三年 | |
| 考核人 | 四品以上京职官员具疏自陈，由皇帝亲定任免；五品以下京官，由吏部会同都察院考察，吏部尚书、都察院都御史会同吏部考功司郎中主持考察之事，并密托吏科都给事中、河南道掌道御史咨访，将考察结果具册奏请 | 一般是由各级官员依隶属关系逐级考察，做出评断并送至各省督抚，核其事状，注考造册并送吏部复核 |

（续表）

| 项目 | 京察 | 大计 |
| --- | --- | --- |
| 考核标准 | 四格：“才”（指才干，分长、平、短三等），“守”（指操守，分廉、平、贪三类），“政”（指政务，分勤、平、怠三类），“年”（指年龄，分青、中、老三类） | |
| 考核结果 | 八法：贪、酷、不谨、浮躁、疲软、才力不及、年老、有疾 | |

据统计，自康熙二十年至康熙四十五年，清朝朝廷通过京察、大计共解职、降格巡抚48人。

## 绩效与绩效管理、目标管理

绩效（performance）是指为了实现企业的总体目标，构成企业的各团队或个人所必须达成的业务成果。绩效管理（performance management）就是管理者确保企业各团队或个人的工作活动及业务成果能够与组织的目标保持一致，并保证组织目标实现的一个过程。

绩效管理又分为宏观绩效管理和微观绩效管理。从宏观的角度来看，企业的任何活动都可以说是绩效管理，“企业管理就是人力资源管理，人力资源管理就是绩效管理”说的就是这个概念。从微观的角度来看，绩效管理就是企业实现短期目标的过程，也是人力资源部所进行的绩效管理。本书所讲的绩效管理主要是微观绩效管理。

目标管理是由德鲁克提出的。德鲁克认为，并不是有了工作才有目标，而是相反，有了目标才能确定每个人的工作，所以“企业的使命和任务，必须转化为目标”。如果一个领域没有目标，那么这个领域的工作必然会被忽视。因此，管理者应该通过目标对下级进行管理。组织最高层管理者在确定了组织目标后，必须对目标进行有效分解，将其转变成各个部门以及各个人的分目标，然后管理者根据分目标的完成情况对下级进行考核、评价和奖惩。因此，目标管理就是绩效管理，有些地方也称其为目标与绩效管理。

## 绩效管理的发展趋势

不管现在的绩效管理处在哪个阶段，也不管人们如何看待绩效管理，绩效管理，甚至整个管理都有一个必然的发展方向，即越来越重视人和对人内在动机的引导。在这个方向下，企业绩效管理的几个趋势是必须被重视的。

### 注重沟通

沟通是绩效管理的灵魂，企业不注重绩效沟通，就会出现上下级目标不一致、执行出现偏差、员工不知道如何发展等导致绩效效果不佳的问题。其实，绩效管理的概念在提出之初就强调过要沟通，只是绩效考核给人的感受太深，以至很多公司、员工都只记得绩效考核而忽略了沟通才是绩效管理最重要的行为。

绩效沟通包括事前、事中、事后三个阶段，即绩效指标制定前的沟通、绩效执行过程中的沟通和绩效结果出来之后的沟通。事前沟通强调上下级就指标达成一致，事中沟通强调上级对方向的把控和对问题的解决，事后沟通强调管理者对员工发展的关注。

在很多企业的绩效管理培训中，当说到沟通时，很多管理者会告诉我，他们经常跟员工沟通。可是仔细研究之后，我发现他们说的沟通更多的是一些日常工作事项的沟通，比如向员工布置任务、了解一个事项的进度、批准一个申请。这类沟通可以保证日常工作的正常开展，却无法保证绩效目标的达成。

除了日常沟通外，绩效沟通还要有正式沟通，甚至要有一些仪式感，从而增加员工对绩效目标的重视。正式的沟通可以让员工透过问题看本质，从而保证绩效问题的真正解决。

很多优秀的公司甚至用绩效沟通代替绩效管理的大部分工作，比如：通用电气已经抛弃了杰克·韦尔奇时代的活力曲线，采用“PD@GE”这个加强上下级之间绩效沟通的工具来进行绩效管理；投行高盛取消了传统的对员工绩效评级，取而代之的是管理者给予员工更加灵活的绩效反馈。

## 更注重“事前管理”

很多人对绩效管理的印象是月度、季度、年度结束之后的打分。也就是说，很多人将绩效管理看成对已完成工作的“事后管理”，这是导致很多企业绩效管理失效的一个最主要原因。

但是，绩效管理的最终目的是促使员工完成工作，而不是对员工进行惩罚或者奖励。因此，绩效管理的重点在于绩效考核之前的“事前管理”，而非绩效考核的“事后管理”，因为只有事前管理才能确保工作任务的完成。

## 更注重对员工意识和认知的引导

在传统以效率为基础的“科学管理”模式中，员工只需要按照固有的“最佳”规范和流程进行操作就可以完成工作，公司管理的重点是找到最佳的操作规范、流程，员工照此操作即可。但是现在，我们已经进入知识型员工占主体的时代，知识型员工不愿意被约束，更喜欢自由的工作方式，这时候传统的管理方式反倒成了限制员工效率的方式。

知识型员工对事物有自己的看法和认知，他们的自我管理能力比较强，因此企业管理好知识型员工的重点是，让他们理解事情的本质和底层逻辑，之后让他们发挥自己的主观能动性。我们会发现，他们自己做往往比企业强迫他们做要好。

知识型员工的绩效管理也是如此。

## 更关注员工发展

前面说了，绩效管理已经不再注重传统的给员工发奖金、调薪等“事后管理”的内容，那么绩效管理的事后管理关注什么呢?

答案是关注员工发展。很多公司在绩效考核完给员工发完奖金之后，其绩效管理的动作就结束了，但实际上到这个阶段，绩效管理的作用只发挥了不到一半，另一半是绩效结果要对接员工发展。因为只有员工发展了，他们才能为公司创造更大价值。同时，对于知识型员工来说，自身的发展很多时候是比短期的奖金更重要的事情。

## 更注重对“人性”的理解

传统的管理更注重对事的管理，因此传统管理强调以岗位为基础。但是，随着工作对灵活性、创新性的要求越来越高，人的主观能动性、能力在工作中发挥的作用也越来越大，这时候理解人性并透过人性用合适的方式调动人的主观能动性，成为管理的发展方向和趋势。

## 真正对接战略

这里用了“真正”两个字，之所以用这两个字，是因为绩效管理一直强调对接战略。但是，在实际运用中，很多公司的绩效管理并没有对接战略，很多公司的绩效指标是从公司早就定好的“指标库”中或者让员工从自己理解的指标中提取的，导致这些指标“看起来很关键”但实际上并不都能支撑战略的实现，甚至有些指标所代表的方向是同战略方向相反的，以致最终的战略无法实现。这也是很多公司出现“员工的绩效考核分值都很高，但公司的实际完成情况与战略目标相差很远”的原因，如图1-1所示。

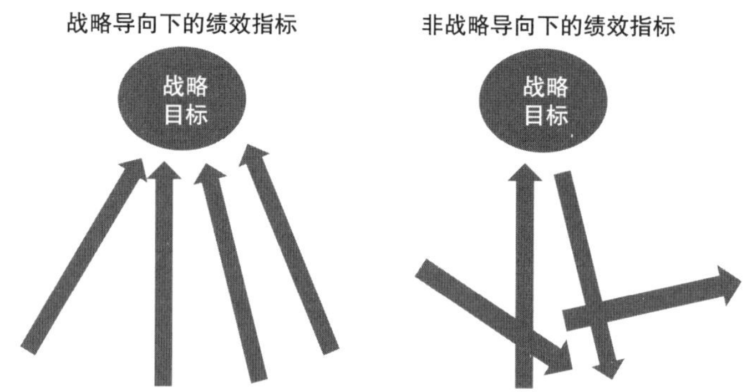


图1-1 战略导向与非战略导向下的绩效指标

## 评估，而不是打分

在传统的绩效考核中，员工看重的是最终得分，因此得分的精确性就很关键，员工会把相当一部分精力放在纠结得分是否精确上。但在绩效管理实践中，要对所有指标有一个得分结果的本质目的是，通过得分对员工的工作情况进行总结，从而进一步提升员工的能力，使其未来更好地完成工作。基于这个目的，现在越来越多的公司采用卓越阶段评价法（俗称五分制，根据完成情况，每个指标可以分别被评为五个等级，有些公司可以评两个等级中间的半数等级）。这种方式跟传统的百分制最大的区别就是，增大了评价结果的颗粒度，将完成结果根据完成情况分为五个等级（其中第三个等级为正好完成目标要求的等级），以减少员工对评分结果精确度的关注。

## 重视工具，但不拘泥于形式

现在很多人提到工具的第一反应是反感的，认为大多数工具不实用，同时也增加了工作的复杂度。实际上，我根据多年的观察对比发现，真正会用工具的公司不多，但是真正会用工具的公司的绩效管理效果要好很多。

实际上，工具在运用之初确实在一定程度上增加了工作的复杂度，但是在运用一段时间之后，我们就会发现工具给工作带来的好处。这是因为工具背后都有一定的逻辑和原则，这些逻辑和原则是人们经过大量思考和应用总结出来的，好的工具可以让工作“事半功倍”。

要想让一个工具真正发挥效果，对工具进行适应性“改造”是非常有必要的。因为每个公司都有自己的特殊情况，适当的改造可以使工具更符合公司的实际情况。工具改造的背后是人们对工具底层逻辑的深层次理解，只有理解了深层次的逻辑，并在此基础上进行改造，才能既吸取工具本身的精华，又使工具用起来更“顺手”。

第二章

# 绩效赋能体系

## 绩效赋能

### 绩效管理的发展阶段

企业存在的意义是，不断地为社会创造价值。在这个过程中，员工需要有“想要工作的意愿”和“完成工作的能力”，使用“恰当的工作行为”，不断地输出“工作成果”。这三个部分正好代表了绩效管理的三个发展阶段，如图2-1所示。

第一阶段：只注重显性目标结果的绩效考核阶段。

由于结果最容易被衡量也最容易被关注，所以对结果的衡量是人们在绩效管理的任何一个阶段都需要关注的内容。只是在绩效管理初期，企业对其他两个方面的要求比较简单，因此结果成为唯一的衡量因素。这一阶段正是操作型员工占主体的阶段，此阶段典型的绩效管理方式是绩效考核，企业关注的显性结果主要是财务指标。由于这一阶段员工的工作大部分以非创造性的标准工作为主，所以这种管理方式更容易获得认可。此阶段也是德鲁克提出的目标管理方式的起点阶段。

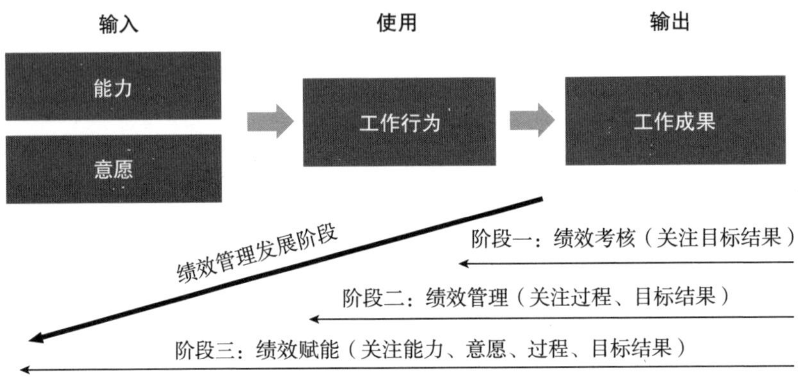


图2-1 员工价值创造的过程与绩效管理阶段

第二阶段：既注重目标结果也注重过程的绩效管理阶段。

这一阶段是伴随着知识型员工逐渐在工作中发挥越来越大的作用开始的，这一阶段的工作内容越来越复杂，对人的要求也越来越高。企业发现，只注重结果尤其是只注重财务结果容易导向短期行为。一些企业快速进入高速发展阶段——其业绩快速达到顶点，而快速倒闭是这一短期行为的主要后果。于是，企业开始关注过程指标，BSC就是在此期间诞生的。在关注非财务结果的同时，企业也开始围绕绩效考核开展一系列的关注工作过程的动作，PDCA循环被引入绩效管理，企业通过PDCA循环引导员工的行为。这时候的PDCA循环更多关注的还是工作而不是员工，于是就形成了以BSC为代表的多元化指标加上以PDCA循环为代表的绩效过程管理体系。在这一阶段，结果考核仍然是绩效管理的主要动作，但是绩效管理已经取代了绩效考核。目标管理也逐步被淹没在绩效管理的浪潮里，但是绩效管理本质上仍然是德鲁克的目标管理。

第三阶段：以人为本的绩效赋能阶段。

随着社会的发展、人们知识水平的提高，知识型员工开始占主体，大量的工作也开始需要员工创新或自主完成，工作的复杂性变高，而且随着经济的发展，大部分人低层次的外在需求得到满足，开始追求更高层次的内在需求。从绩效管理的角度来看，前两个阶段属于关注人的外在需求阶段，这已经不能满足知识型员工的需求了，于是绩效管理的关注重点走向价值创造链条的前端——关注人的能力和动机，这就进入了绩效管理的第三阶段。在这一阶段，结果考核的重要性逐步减弱，甚至完全消失，绩效教练被引入绩效管理，从而成为一个重要的改变，绩效管理的主动权开始从企业转向员工，目标管理概念回归，并被赋予更高和更积极的含义。在这一阶段，绩效管理的典型特征是，强调沟通，重视激发员工的内在动力，释放员工的创造性。这一阶段的典型代表工具是OKR。实际上，好的工具不限于OKR，将传统的绩效管理加以延伸也可以达到同样的目的，这也是本书并未强调一定要用哪一种工具的原因。

## 绩效赋能的内涵

这里，我们首先给绩效赋能下一个定义：绩效赋能是指通过系统的方法为员工建立目标感，赋予员工完成目标的能力，并在此过程中激发员工的潜能，提升员工自身的综合能力。这里要强调的是，绩效赋能仍然属于绩效管理。

绩效赋能有三个内涵，这三个内涵也是绩效赋能区别于传统绩效管理的关键点，如图2-2所示。

第一，赋予员工“目标感”，这是绩效赋能的“前道”。这里的目标感是指员工在意识上知道自己真正想要的是什么。目标感的核心不是“目标”，而是“感”。有了这种“感”，员工就可以更好地为行动提供指引。

第二，赋予员工“完成当期目标的能力”，这是绩效赋能的“中道”。公司实施绩效管理的目的是让员工完成目标，完不成目标对员工个人、公司都没有意义，因此在完成目标的过程中，公司就要通过各种方式使员工具有完成当期目标的能力。需要特别说明的是，这里不仅仅要求员工完成目标，还要求其掌握完成目标的能力。

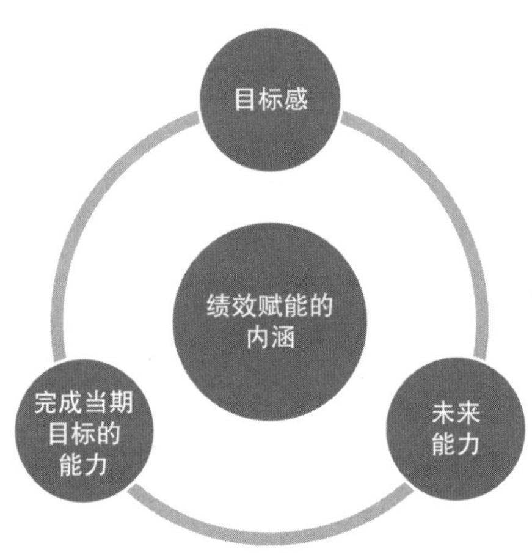


图2-2　绩效赋能的内涵

第三，赋予员工“未来能力”，这是绩效赋能的“后道”。这里有两层含义：第一层是指，在员工没有完成目标的情况下让其后续有完成该目标的能力；第二层是指，让员工获得更多的可以应对未来情况的能力。

这里要说明的是，本书后续部分提到的“绩效管理”，除部分已明确代表绩效管理的第二阶段外，其余代表的都是绩效管理第二阶段和第三阶段。

## 绩效赋能体系的C-PDCA-S模型

任何一个有效的管理机制都基于系统化的思考，这个“系统化”包括“一大一小”两个方面。“一大”是指整个公司的大系统。任何一个机制都不可能孤立存在，在搭建一个体系时，我们应充分考虑它对其他管理体系、机制可能产生的影响，以达到系统化的整体最优而不是个体最优。“一小”是指，该管理机制本身的逻辑应该是一个系统化的闭环。

根据多年的咨询实践，基于以上两个系统化的思考，本书提出了基于绩效管理第三阶段的绩效赋能体系模型——C-PDCA-S模型，如图2–3所示。

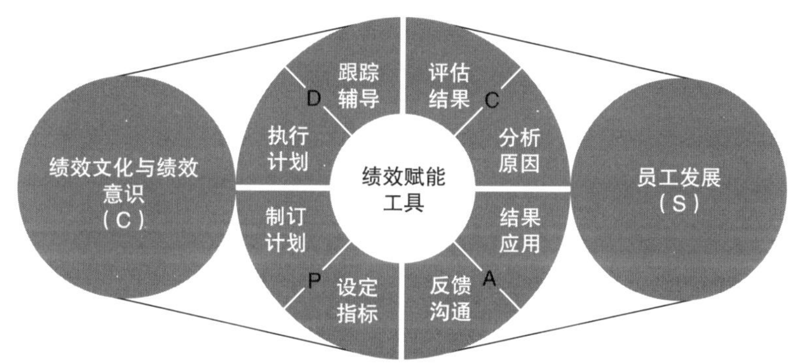


图2–3 绩效赋能体系的C-PDCA-S模型

C-PDCA-S模型包括两大系统：绩效赋能运行系统和为了保证运行系统有效发挥作用而配套的工具系统。两大系统是相互融合、不可分割的。

## 绩效赋能运行系统

绩效赋能体系的运行系统是保证绩效赋能机制有效实施的一系列动作和流程，主要包括六部分内容，其中C（绩效文化与绩效意识）以及S（员工发展）是贯穿始终的。

### C：绩效文化与绩效意识

随着员工知识水平的提高，员工的自我管理与自我实现意识在逐步提升。这时候，管理者仅靠带有强制性的制度、流程、监督等管控手段已经无法达到应有的效果，甚至很多时候会事倍功半，于是软性的文化氛围以及对员工意识的引导成为绩效管理的关键。只有绩效文化和绩效意识先行，绩效管理才能达到事半功倍的效果。

重视绩效文化和绩效意识是绩效赋能区别于传统绩效管理的重要方面。

## P：设定指标与制订计划

指标即绩效指标，包括指标内容与指标目标两个核心部分，通常以绩效考核表的形式体现。但是，指标内容和指标目标的确定是一项复杂工程，需要结合公司的战略、工作流程、岗位职责等结构化工具才能确定。

在指标内容与指标目标制定出来之后，我们需要制订针对各指标的完成计划，从而促使员工在完成指标前有一个系统性的、前瞻性的思考，从而保证绩效目标的正确和高效完成。这是一个容易被忽略但是很重要的步骤。

在绩效赋能体系中，管理者在指标和计划的设定过程中非常注重员工的参与，这种“参与感”是员工建立目标感的关键。这里需要注意的是，计划并非一成不变，在后续执行过程中，人们可以根据实际情况对计划进行修订，虽然如此，前期制订计划仍然是非常必要的。

## D：执行计划与跟踪辅导

按照计划执行是保证目标完成的最好方式。为了保证员工能够按照计划完成目标，辅导是不可或缺的动作，甚至在一定程度上是最重要的动作。

绩效赋能体系中的执行和辅导不仅是为了完成目标，更是为了提升员工的能力。员工的能力只有提升了，才能为公司带来长期价值。

## C：评估结果与分析原因

这里说的是评估，而不是打分。很多人看到绩效，首先联想到的是打分，但是绩效管理到这一步的本意是评估，打分只是评估的附带动作。

在评估结束之后，我们还需要对评估中发现的好的地方和不好的地方进行总结，寻找根本原因，从而为后续乃至更长期的提升和改进打下基础。

在绩效赋能体系中，评估和分析不仅是对员工前期完成工作情况的总结，更是为员工寻找不断发展的未来能力。

## A：结果应用与反馈沟通

绩效结果的应用方式可以分为强应用和弱应用两种。强应用就是将绩效结果在多方面进行应用。从强应用的角度来看，绩效结果几乎在管理的每个方面都可以发挥作用。强应用可以引起员工对绩效管理的重视，有利于绩效管理发挥作用，但是这些作用恰恰又会导致员工对绩效结果过于重视，进而导致员工对绩效结果的关注超出了绩效管理的其他方面，从而使很多公司的绩效管理要么流于形式，要么产生负向的效果。弱应用是指仅将绩效结果应用在一些必要的方面，使绩效结果对员工产生一定的影响即可。这会引导员工不去过于关注绩效效果，但也会导致员工对绩效管理的其他方面不够重视，从而使绩效管理无法发挥应有的作用。因此，管理者对绩效结果要不要用、如何用、什么时候用以及用到什么程度都要进行系统的思考和分析。

反馈沟通是将绩效评估的结果及应用当面告知员工。管理者当面告知，一方面表示对员工的尊重，另一方面也可以向员工充分说明其获得该结果的原因，同时还可以通过面谈感受员工的反应，从而在后续采取更有针对性的措施对该员工进行能力提升。

在绩效赋能体系中，管理者对绩效结果更倾向于弱应用，这是针对知识型员工的特点而言的，当然这还要结合不同公司的实际情况来区别对待。在反馈沟通方面，绩效赋能体系更注重绩效面谈对员工成长带来的影响。

### S：员工发展

员工发展包括PDCA过程中的发展和PDCA事后的发展两部分。针对事后发展，我们在绩效赋能体系中提出了“刻意培养”的概念（相对的概念是传统的“野蛮生长”），通过刻意培养可以更有效率、更有针对性地提升员工能力。

员工能力的培养是一项长期工程，需要管理者有耐心，还需要管理者足够重视和有一定的计划性，这也是很多只重视业务的管理者做不好这一点的最主要原因。

## 绩效赋能工具系统

绩效赋能工具系统是在绩效赋能机制运行中使用的各种工具的集合，在合适工具的配合下，绩效赋能体系才能更好地发挥作用。

### 绩效赋能工具的应用建议

绩效赋能的每一个环节都有很多成熟的工具，本书也会在每个环节重点介绍一些工具，但这并不是说这些工具是该环节最好的工具。在实际应用过程中，很多公司由于不赞成这些工具的内在逻辑或者表现形式而对该工具进行改造，从而形成更符合自己需求的工具形式，也有许多公司采用其他的成熟工具。这些工具都可以实现最终的目的，我是完全提倡的。

但是，在选择或者改造工具时，我的建议是，管理者一定要理解该工具的本质和逻辑闭环。只有这样，管理者最终使用的工具才能为公司产生真正的价值。对于自己创造工具的做法，我在大部分情况下是不赞成的。因为大多数获得认可的工具都是经过长时间的论证和实践证明的，同时这些工具背后都有人们深层次的逻辑思考，自己盲目创造的工具可能表面上看起来是合理的，但由于人们对管理的底层逻辑思考不深，在实际使用时，它无法有效产生价值或者只能产生部分价值。在使用工具、改造工具甚至自己创造工具时，我们要首先学会“敬畏工具”。

工具本身没有好坏，只有是否合适和人们会不会用。很多工具本身的含义和使用方法其实并不像它们表现出来的那样简单，一些公司没有利用好工具的主要原因是误解了工具的内涵，简单地根据其表面意思理解和使用工具，这在大多数情况下会导致工具的错误使用。

## 绩效赋能工具的选择或改造建议

合适的工具才能产生最大的效果，但是工具的选择并不容易，因为从有绩效管理开始，绩效管理的工具就一直在发挥作用。这期间产生的工具不胜枚举，任何一个工具都有其实际运用的场景与对象。

根据多年的总结和实践，我建议管理者从有效性的角度出发，在选择工具时要分时、分类、分层进行思考。

### 分　时

分时包括两类：第一，绩效工具的选择要考虑公司的发展阶段，不同发展阶段的公司可能会采用不同的绩效工具，比如华为以前用的是PBC（将员工考核指标划分为三个目标：业务目标、员工管理目标、个人发展目标），现在对技术人员开始逐步采用OKR；第二，绩效周期不同，选择的绩效工具可能也不同，比如有些公司月度考核采用积分制，季度考核采用KPI。

## 分 类

分类就是根据企业、岗位或者员工的类别采用不同的工具。分类主要包括以下两个维度。

第一个维度是企业维度，不同性质的企业采用的绩效管理工具是不同的。比如，现在很多高科技企业采用OKR，而很多制造型企业采用KPI。

第二个维度是岗位或者员工维度，不同的岗位采用的绩效管理工具可能也是不同的。对此有一个简单的划分岗位性质的方法，即根据距离客户的远近将企业岗位划分为前道、中道与后道。前道一般是离客户最近的岗位，比如销售类岗位；中道一般是为前道提供直接服务的岗位，比如市场、生产、研发等岗位；后道一般是为全公司提供服务的岗位，比如人力资源、财务、行政等岗位。对于前道，很多公司采用的是提成的模式；对于中道，很多公司采用的是OKR或者KPI的模式；对于后道，很多公司采用的是360度考核的方式。当然，整个公司的所有岗位也可能采用同一种绩效工具。

## 分 层

分层就是公司根据岗位所处的层级，采用不同的绩效工具。最简单的层级划分方式是管理层级。我们都知道不同层级人员的工作侧重点是不同的，其有效的激励方式也是不同的，因此不同管理层可能采用的绩效工具也是不同的。很多公司对核心高层采用合伙人的模式而不进行直接考核（这种方式一般适合找到了符合企业价值观、自我实现欲望比较强的核心高层的企业），对中层采用OKR的模式，对基层采用KPI、积分或者计件的模式。当然，哪个层级适合哪种模式并没有固定的、统一的答案。

在选择工具时，我不赞成盲目追逐新工具或者照搬其他企业用的比较好的工具，每一个公司都应该踏踏实实地分析自己的特点并不断试错、改进以选择合适的工具，或者把一些通用的工具改造成适合自己的工具。OKR在谷歌、英特尔等互联网新兴企业发挥了很大的效果，同样KPI在阿里巴巴、腾讯也发挥了不错的效果，小米公司虽没有KPI（这并不代表小米没有绩效管理），但也发展成了行业标杆。这些都说明没有任何一个工具是全世界通用的，适合自己的才是最好的。

## 企业文化、战略与绩效赋能体系

企业文化与战略属于公司管理机制中的顶层建筑，在公司发展中，任何一个机制的设计与运行都需要与这两个顶层建筑紧密契合。那么，绩效赋能体系与这两个顶层建筑之间是如何关联的呢？我们以图2-4所示的关系图为基础来进行说明。

### 企业文化的“虚”与“实”

不管有没有明确提出企业文化，任何一个公司都有企业文化。大部分公司的企业文化是在公司成立之初就提出的，这些企业文化都会让人很有感触，但是很多企业文化的这种“让人很有感触”主要体现在企业对外人讲的时候和企业内部开会的时候。因此，长期以来，企业文化给人的感觉是“空”，并不能给企业带来实际价值。

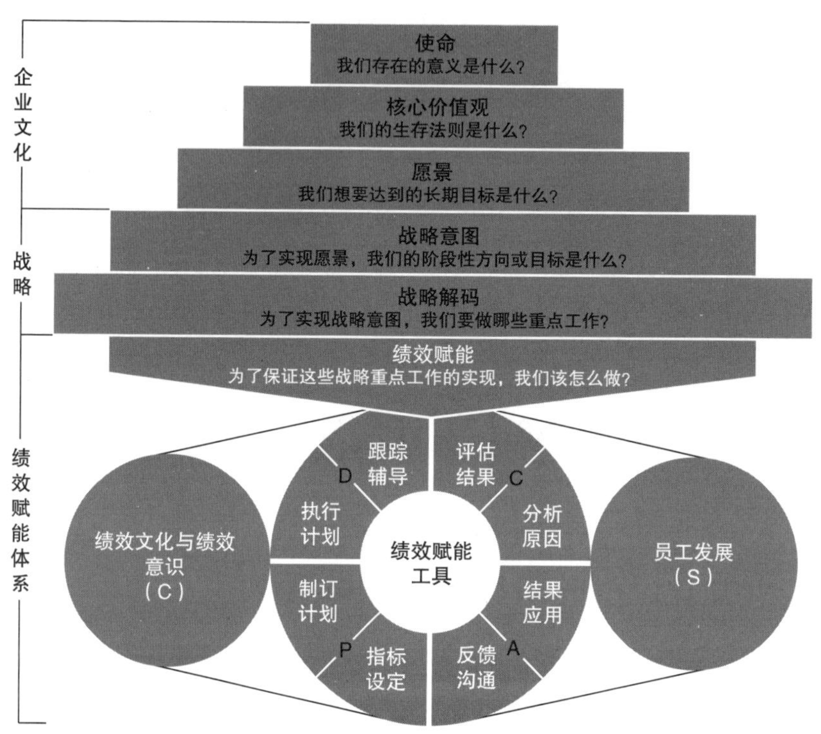


图2-4 企业文化、战略与绩效赋能关系图

实际上，一个好的企业文化是企业管理中最“实”的部分。在说明为什么它最“实”之前，我们先看看企业文化的含义：企业文化是在一定条件下，企业生产经营和管理活动中所创造的具有该企业特色的精神财富和物质形态。企业文化有广义和狭义之分，一个公司广义的企业文化包括图2-5所示内容。

也就是说，从广义的角度来看，一个公司所有的管理机制都可以成为企业文化，而我们通常说的企业文化是狭义的企业文化，也就是广义企业文化中的核心层，即企业的使命、核心价值观与愿景，分别代表的含义如表2-1所示。

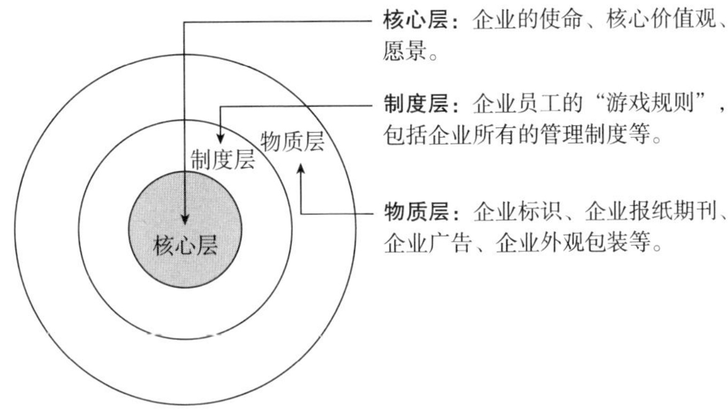


图2-5　广义企业文化包含的内容

表2-1　企业文化中的三大核心层

| 层次 | 内涵 | 名称 | 包含的内容 |
|---|---|---|---|
| 第一层 | 企业存在的意义 | 使命 | 企业为了谁（人类、国家、股东、顾客、员工）而存在? |
| 第二层 | 企业生存的原则 | 核心价值观 | 对于企业来说，什么是正确的?企业提倡的做事原则是什么? |
| 第三层 | 企业想要达成的长期目标 | 愿景 | 从长期发展的角度来看，我们要成为什么样的企业? |

对于一个公司来说，企业文化的“实”主要体现在以下几个方面。

第一，企业文化中的使命一般都含有社会责任。这可以唤起公司员工以及社会对公司的认可和共鸣，这种认可和共鸣能为企业带来诸多的无形价值。

第二，价值观代表的做事原则是公司发展中对员工影响最大的“软环境”。这种软环境可以对员工工作的所有方面产生无形的约束，从而达到很多“硬的”管理制度无法达到的边界。很多优秀的公司都在用少量的制度来管理底线工作，用价值观来管理员工的“所有”工作。

第三，愿景代表公司的长期发展方向。这里的长期有几种说法：一种说法认为，愿景是几十年甚至上百年之后才能实现的，比如阿里巴巴的“做102年的企业”；另一种说法认为，愿景是企业可以无限接近但永远无法实现的，比如华为的“丰富人们的沟通和生活”。不管哪种说法，愿景都是为企业指明方向的，有了这个方向，企业才能勇往直前，少走弯路。

## 企业文化对绩效赋能体系的影响

作为企业管理的顶层建筑，企业文化对绩效赋能体系的影响主要表现在两个方面。

### 企业文化的属性影响绩效赋能体系的属性

企业文化的属性是一个公司的企业文化表现出来的固有特性，这种固有特性一旦形成就很难改变。因此，一旦企业文化形成，公司所有的管理机制就都需要具有这种属性才能产生应有的效果，绩效赋能体系同样如此。

常见的企业文化属性有三类，即狼性文化、过程文化和佛性文化，如图2-6所示。

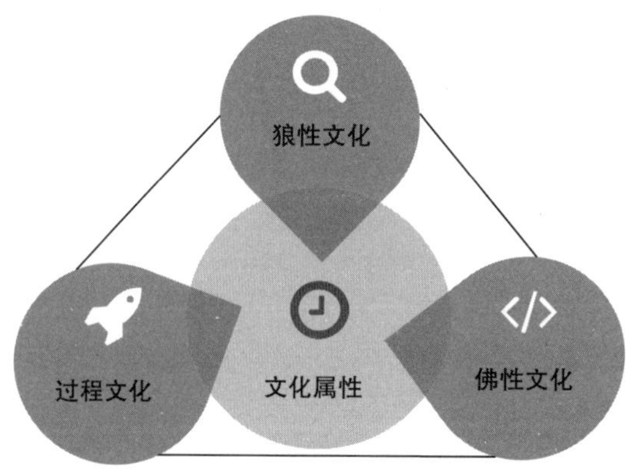


图2-6 常见的企业文化属性

第一，狼性文化强调效率、竞争，以结果说话。

第二，过程文化注重行为过程，崇尚有过程自然有结果。

第三，佛性文化重视人情味，关注和谐与稳定。

多数公司的整体文化都是以上三种文化的融合，但都会倾向于以其中一种属性为主，比如华为倾向于狼性文化，很多国有企业倾向于佛性文化，而很多研发型企业和高科技企业倾向于过程文化。

## 愿景影响战略，战略影响绩效目标

企业文化中的愿景是企业想要达成的长期目标，战略就是这个长期目标实现路上的里程碑。管理大师德鲁克说过，“企业文化能把战略当午餐吃掉”，他指的就是这个意思。

战略一般包括两个内容：一是战略意图，即公司的阶段性发展方向或目标；二是战略解码，即将战略意图用行动化语言描述的过程。通过战略解码，我们可以将战略分解为可衡量的指标和具体的行动计划。

战略解码后形成的可衡量指标就成为公司级的战略指标，公司级的战略指标经过层层分解就形成了公司所有岗位的核心指标，在核心指标的基础上再配合其他重要指标就形成了所有岗位的绩效指标。以绩效指标为方向、以人为本进行管理的过程就是绩效赋能体系。

# 第二篇
# 认识篇

本篇将详细介绍绩效赋能体系的C-PDCA-S模型。

第三章

# C——绩效文化与绩效意识

绩效文化与绩效意识属于认知层面，我们只有认知到正确的绩效赋能体系才能将其正确运行。绩效文化与绩效意识对绩效赋能的影响贯穿绩效赋能体系的整个过程。

## 绩效文化

### 企业文化与绩效文化

企业文化针对的是公司的所有人，在企业内部具有通用性和广泛性，因此企业文化通常被称为公司的主文化。相应地，针对内部不同的团队和不同的机制，企业也可以有针对性的文化，这种文化通常被称为企业的亚文化。

在员工的日常工作中，亚文化和主文化会同时对员工产生影响，甚至在一定程度上亚文化对员工的影响可能会更大，但为了保证主文化的严肃性，亚文化的属性需要同主文化保持一致。

绩效文化就是针对绩效管理机制建立的企业亚文化，是绩效管理体系运行中更具针对性的软环境。对绩效赋能体系来说，有了更有针对性的绩效文化，绩效赋能的精神才更容易被传播和接受。

## 绩效文化的建立

实际上，就像企业文化一样，只要企业有绩效管理机制，不管是否被明确提出来，绩效文化都是存在的，只不过这种绩效文化大多都是基于员工自己的理解而自然产生的。这种自然产生的绩效文化在很大程度上是负面的，这是造成员工反对绩效管理的重要原因。因此，在绩效赋能体系中，我强烈建议企业要刻意建立明确的、正向的绩效文化。

在绩效赋能体系中，绩效文化的建立可以从以下几方面来考虑。

一是企业主文化的属性。绩效文化的属性必须与主文化的属性保持一致。

二是绩效赋能的内涵。绩效文化应该有关于目标感、提升员工能力和发展应对未来能力的行为原则。

三是在实际运行中，绩效赋能机制需要重点强调的内容。通过绩效文化，我们可以强化这些内容在员工心中的印象。

四是在绩效赋能机制实际运行中，员工可能会出现的误区。通过绩效文化，我们可以避免员工陷入这些误区，从而保证机制的正确运行。

在具体的表现形式上，绩效文化可以通过一些简化的信条或者原则来体现。

## 样 例

华为在推行OKR时提出的十大信条：

- 始终思考我的目标对客户的价值。
- 主动承担，为团队做出更大的贡献。
- 目标认定后坚定执行，如有相关变更，及时知会周边成员。
- 在聚焦自己目标的基础上尽力帮助别人。
- 精益求精，坚持对技术的执着追求。
- 合理规划工作，在核心时间聚焦核心工作。
- 在面临压力时仍然坚持质量。
- 在求助他人前，确保我已经做过深入思考。
- 勇于挑战新领域。
- 我的成长我做主。

某公司绩效赋能体系运行的八大原则：

- 绩效赋能的最终目的是帮助我和我的团队实现目标。
- 绩效赋能是一个提升自我能力和团队能力的过程。
- 沟通是绩效赋能的灵魂。
- 寻找可能，而不是寻找借口。
- 勇于承担，不推卸责任。
- 勇于挑战高目标。
- 走出舒适区。
- 协同而不是孤立。

# 绩效意识

这里的意识主要是指思想认知，员工只有建立对绩效的正确思想认知，才能正确地执行绩效赋能后续的各个环节，从而保证绩效赋能的效果。

绩效赋能体系中的绩效意识主要包括两个层面：一个层面是对绩效赋能体系的整体意识，另一个层面是在执行绩效赋能体系的各个环节时需要有的意识。

## 绩效赋能体系的整体意识

整体意识是员工在执行绩效赋能体系过程中需要贯穿始终的意识，不同层级的员工需要具备的整体意识是不同的。

### 高层的意识——绩效赋能体系需要高层的支持与坚持

绩效管理是一个长期的工作，绩效管理机制在实际运行中会面临着很多不确定因素（即使是请最好的咨询公司搭建的体系），需要不断地优化才能更好适应公司。任何一项长期工作都需要公司最高层的支持和坚持，公司最高层在绩效赋能体系中的支持和坚持主要包括以下几个方面。

第一，坚决支持开展绩效赋能工作，做人力资源部门推行绩效赋能工作的坚强后盾。我在做咨询业务的过程中发现，很多公司的高层口头上支持公司做绩效管理，但是在实际执行时，一旦有部门向他们提出问题或者在遇到困难时，他们就开始打退堂鼓，甚至随意给一些部门“免死金牌”，导致人力资源部门在推行绩效赋能过程中阻碍重重，从而导致绩效管理很快变成了形式。

第二，不因一时看不到效果而放弃。任何一个变革在发生后的一段

时间内都会经历一个类似波动曲线的过程，如图3-1所示。

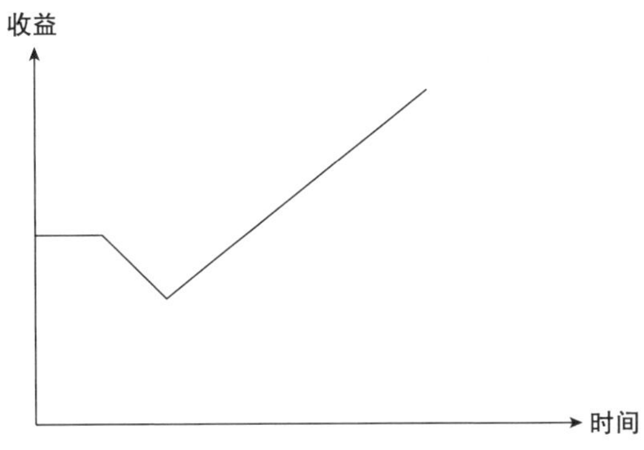


图3-1 变革波动曲线

通过这个曲线，我们可以看到，在变革初期，新的工作要求会对员工工作中的一些习惯性做法产生影响，可能会导致一些员工的工作效率降低。但是，这种工作效率的降低其实只是一种暂时性的“假象”，在面对这种假象时，高层只有做出正确的选择，才能最终拨开云雾见日出。

绩效管理的变革也是如此，华为的“先僵化、后优化、再固化”的准则就是为应对这种情况提出的。

## 中基层管理者的意识——绩效赋能的第一责任人

对于同基层员工日常接触更多的中基层管理者来说，绩效赋能体系是其管理团队和达成团队目标的工具，而不是人力资源部门管理员工的工具。因此，在绩效赋能体系中，中基层管理者应该有以下几种关键意识。

第一，人力资源部门不是绩效赋能的首要责任人。

第二，中基层管理者应该主动承担绩效赋能的责任，而不是被动地等待人力资源部门推动。

第三，为了做好绩效赋能工作，中基层管理者需要在允许的范围内主动对绩效赋能的程序或内容做一些有针对性的优化或者细化，从而提高绩效赋能体系的实用性。

## 基层员工的意识——绩效赋能的第二责任人

绩效赋能的主要对象是广大基层员工。通过绩效赋能体系，企业可以促使基层员工在更好地完成目标的同时提升自身的能力。不管是短期还是长期，绩效赋能的这些价值对他们都是有益的，因此基层员工应该是绩效赋能的第二责任人。

## 人力资源部门的意识——绩效赋能体系的辅助者

绩效赋能作为管理员工的一个工具，需要人力资源部门的积极参与，这样才更有专业性。在绩效赋能体系中，人力资源部门需要具备以下意识。

第一，人力资源部门不是绩效赋能的主要责任人，而是辅助责任人。

第二，作为教练，人力资源部门需保证员工正确理解绩效赋能体系，解答员工在执行绩效赋能体系时遇到的问题。

第三，人力资源部门能为绩效赋能体系的运行提供专业和有效的工具。绩效赋能体系的有效运行需要专业的工具作为辅助，提供专业和有效的绩效赋能工具是人力资源部门的本职工作。

第四，人力资源部门能保证绩效赋能体系的运行。一个体系的运行需要遵照一定的流程和规则，这样才能保证整个公司的统一和各个环节的正确执行。保证绩效赋能体系的运行是人力资源部门在绩效赋能体系运行中需要承担的关键职责。

第五，人力资源部门能修正、调整绩效赋能体系。随着公司的发展，绩效赋能体系不可能是一成不变的，定期调整绩效赋能体系以更好地为公司发展提供支持是人力资源部门必备的技能。

第六，人力资源部门主要关注组织绩效。公司根据层级的不同可以将绩效分为团队的组织绩效和员工的个人绩效。对人力资源部门来说，团队的组织绩效应该是其关注的重点，而员工的个人绩效可以适当放给团队负责人来进行灵活的管理。

## 绩效赋能体系中各环节员工的意识

在绩效赋能执行的各环节中，员工也需要有正确的意识。这一部分会在后续的各环节中进行相应的说明。

第四章

# P——设定指标与制订计划

这一章包括设定指标和制订计划两个部分。在设定具体指标和制订执行计划之前，我们需要确定绩效周期。

## 绩效周期

绩效周期是指完成一次绩效赋能循环的周期，常用的绩效周期包括月度、季度、半年度和年度。

### 绩效周期的重要性

绩效周期会影响绩效指标的设定。在不同的绩效周期下，同样的工作内容提取的绩效指标可能是不同的，越短的绩效周期对绩效目标设定的精细化程度越高。

不同绩效周期下设定的绩效值同样会带来绩效赋能体系后续环节的不同设计。

# 绩效周期的确定

绩效周期的设定可以从以下几个维度来进行思考。

## 文化属性维度

在一般情况下，狼性文化的公司更倾向于较短的绩效周期，佛性文化的公司更倾向于较长的绩效周期，过程文化的公司的绩效周期则介于两者之间。

## 岗位性质维度

一般来说，岗位层级越高，绩效周期越长；岗位越靠近客户端，绩效周期越短。

## 公司发展阶段维度

一般来说，在公司起步阶段，由于各项工作变化比较快，这时候的绩效周期应该短一些；在公司发展稳定之后，绩效周期就可以适当拉长。

## 实际操作维度

从实际操作维度来看，我们可以有以下几个思考的角度。

从完成绩效赋能整个过程所花费的成本和绩效赋能带来的价值的角度来看，我们需要思考哪个周期更容易被执行。过短的绩效周期会使得绩效执行过于频繁，容易给员工造成“刚完成又要开始”的感觉；过长的绩效周期则会使得绩效执行间隔时间过长，容易使绩效管理的价值降低。

从上下级工作协调的角度来看，我们需要思考上下级的绩效周期不一致是否会导致有些工作无法同步。比如，主管的绩效周期是季度，而下属的绩效周期是月度，这样会不会造成一些指标无法有效承接。

从绩效工资发放的角度来看，我们需要思考哪个绩效周期更容易被接受和操作。如果以季度为周期，那么员工是否可以接受绩效工资按季度发放。如果员工不接受，那么公司有没有其他可以被员工接受的替代方案，比如前两个月预发，最后一个月整体计算。如果所有可能的替代方案都没办法达成一致，那么公司有可能需要进行月度考核。

据调查，现在企业用得最多的绩效周期是季度。

## 设定指标

在绩效赋能体系中，指标代表着一个员工在一段时期内的工作重点，后续所有的绩效赋能工作都是围绕着这些指标运行的，因此指标的设定是绩效赋能体系的核心工作。接下来，我们将围绕几种常见的和一些不常见但是非常具有思考价值的绩效指标工具来说明如何更有效地设定绩效赋能指标，以及如何选择合适的指标工具。

### 绩效指标工具

对绩效管理的研究，从发展到现在，其中绩效指标的设定是最受关注的，相关的工具也最多，但是无论哪种工具，都受到了很多人质疑。这些质疑声有时是有道理的，但更多的是对这些工具的误解，原因在于人们没有掌握这些工具背后的底层逻辑。在实际使用工具时，相当一部分人是根据自己“想象的理解”来进行操作的，导致很多公司对这些工具的应用都建立在“知而不会”的基础上，这是这些工具在许多公司没有发挥效果的关键原因。

## KPI

KPI是大部分人最为熟知的绩效指标工具。近年来，虽然围绕KPI的争论非常多，出现了很多“去KPI”“KPI毁了绩效管理”等声音，但是到目前为止，KPI仍然是使用最多的工具。虽然有些公司是“为了KPI而KPI”，但是这也充分说明了大家对KPI的熟知程度。

表4-1是一个KPI的绩效考核表，我们基于这张表来具体讨论一下KPI的底层逻辑以及使用方法。

表4-1　KPI考核表

<table>
<tr><th colspan="9">KPI考核表</th></tr>
<tr><td>被考核人</td><td></td><td>岗位</td><td></td><td>所属部门</td><td colspan="2"></td><td>签署日期</td><td></td></tr>
<tr><td>考核人</td><td></td><td>岗位</td><td></td><td>所属部门</td><td colspan="2"></td><td>盘点日期</td><td></td></tr>
<tr><td rowspan="2">指标</td><td rowspan="2">权重</td><td rowspan="2">目标描述</td><td rowspan="2">考核标准</td><td colspan="3">评分</td><td rowspan="2" colspan="2">评分说明</td></tr>
<tr><td>实际完成情况说明</td><td>自评分</td><td>评分</td></tr>
<tr><td></td><td></td><td></td><td></td><td></td><td></td><td></td><td colspan="2"></td></tr>
<tr><td></td><td></td><td></td><td></td><td></td><td></td><td></td><td colspan="2"></td></tr>
<tr><td></td><td></td><td></td><td></td><td></td><td></td><td></td><td colspan="2"></td></tr>
<tr><td></td><td></td><td></td><td></td><td></td><td></td><td></td><td colspan="2"></td></tr>
<tr><td></td><td></td><td></td><td></td><td></td><td></td><td></td><td colspan="2"></td></tr>
<tr><td>扣分项</td><td colspan="2"></td><td></td><td colspan="3"></td><td colspan="2"></td></tr>
<tr><td>加分项</td><td colspan="2"></td><td></td><td colspan="3"></td><td colspan="2"></td></tr>
<tr><td>总分</td><td></td><td>被考核人</td><td colspan="2"></td><td>考核</td><td></td><td>人力资源部门核定</td><td></td></tr>
</table>

KPI的核心在Key（关键）上，而Key的基本假设是“二八原则”，即某岗位前20%的重要工作占据了该岗位工作量的80%。因此，在确定

指标时，我们只需要衡量这20%的工作即可。

KPI的形成过程包括确定指标库、筛选关键指标、设置权重、设定目标值、设置衡量标准和确定数据来源六个步骤。

### 确定指标库

指标库是指标的集合，绩效指标库的来源可以用“十字交叉、重点补充”来概括，如图4-1所示。“十字交叉”是指纵向和横向两个指标来源方向，即纵向的战略分解形成的指标，以及横向的部门或者岗位为完成各自的重要工作而需要其他关联部门或岗位协助而形成的指标。“重点补充”是指因岗位职责中的重点工作事项而形成的指标。这些来源形成的指标在很多情况下是重叠的。

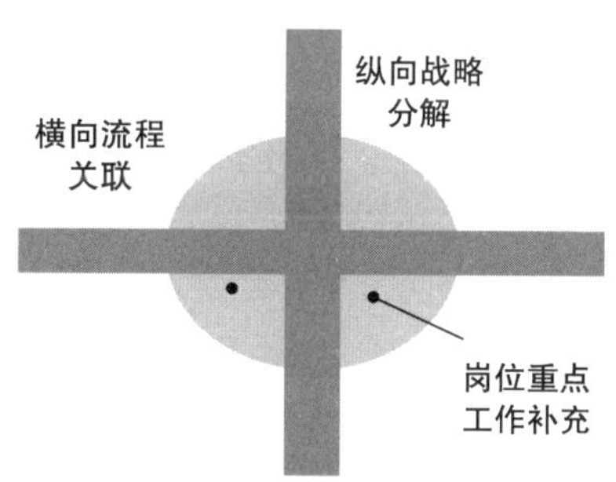


图4-1 指标库来源

（1）纵向战略分解

将战略进行分解形成的指标是KPI指标最关键的来源，这类指标被称为战略指标。作为各岗位的核心指标，战略指标可以保证所有人的工作和努力方向是一致的。

战略指标从层级上分为公司级指标、部门（团队）级指标和岗位级指标。从公司战略到最终落实各岗位指标，需要经历两个过程：战略解码与指标分解。

前面提到过，将战略用行动化语言描述的过程叫战略解码。这里需要说明的是，战略解码的前提是公司有战略意图或方向。战略解码可以形成公司级的战略指标，将公司级的战略指标分解到相关部门（团队）及岗位的过程就是指标分解的过程。

a.战略解码

战略解码的工具有很多，平衡计分卡、鱼骨图、业务执行力模型（BEM）等都是被广泛认可和使用的工具。其中，卡普兰和诺顿发明的平衡计分卡由于结构性强，且能实现四个平衡（财务和非财务的平衡、内部与外部的平衡、结果与过程的平衡、长期与短期的平衡）而获得广泛的认可，从而成为最常用的工具。这里需要说明的是，平衡计分卡是分解战略的工具，而不是制定战略的工具，很多公司用平衡计分卡来制定战略，这是对平衡计分卡的误解，但是平衡计分卡的结构确实可以为制定战略提供全面的思考。

平衡计分卡本身是一个系统，具体包括四个方面（见图4-2），前三个方面简称图、卡、表，是平衡计分卡系统的核心（为了区分，后文用BSC代表平衡计分卡系统）。

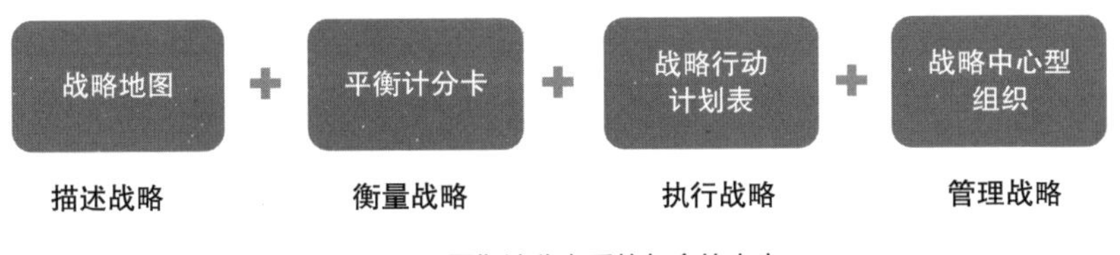


图4-2 平衡计分卡系统包含的内容

战略地图是描述战略的工具，它之所以被称为战略地图，是因为战略地图描述的是实现战略意图的路径（也叫战略主题）。从另一个角度来讲，战略地图实际上是将战略意图通过四个有逻辑的维度分解成更详细的意图，这些更详细的意图是实现公司整体战略意图的路标。战略地图通用模板如图4-3所示。

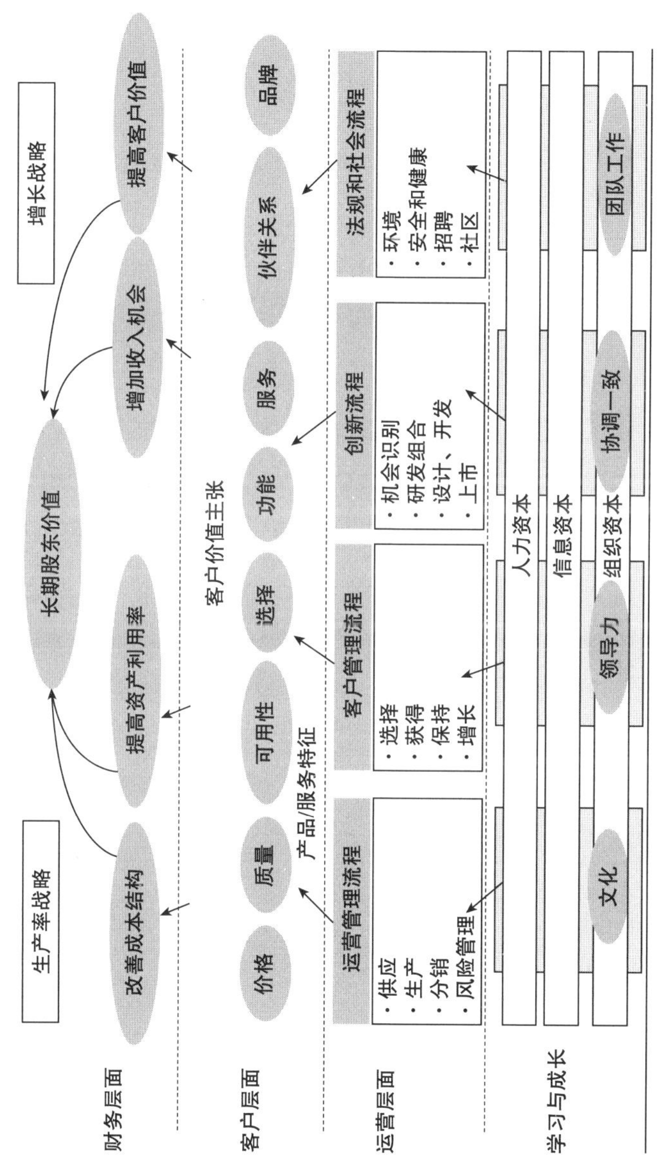


图 4-3　战略地图通用模板

平衡计分卡是衡量战略的工具，平衡计分卡以寻找关键驱动因素的方式将战略地图中的路标转化为可以衡量的战略指标。平衡计分卡确定过程样例如图4–4所示。

行动计划表是执行战略的计划表，行动计划表描述的是实现战略地图中每个路标或平衡计分卡中每个指标的关键举措或计划。行动计划表（单个指标）样例如表4–2所示。

表4–2 行动计划表（单个指标）样例

<table>
<tr><td>指标名称</td><td></td><td>目标值</td><td></td><td colspan="4" rowspan="2"></td></tr>
<tr><td>主责部门</td><td></td><td>协助部门</td><td></td></tr>
<tr><td>关键举措</td><td>预计目标</td><td>事件/行为分解</td><td>应完成时间</td><td>责任人</td><td>参与人</td><td>资金需求</td><td>人力需求</td></tr>
<tr><td></td><td></td><td></td><td></td><td></td><td></td><td></td><td></td></tr>
<tr><td></td><td></td><td></td><td></td><td></td><td></td><td></td><td></td></tr>
<tr><td></td><td></td><td></td><td></td><td></td><td></td><td></td><td></td></tr>
<tr><td></td><td></td><td></td><td></td><td></td><td></td><td></td><td></td></tr>
<tr><td></td><td></td><td></td><td></td><td></td><td></td><td></td><td></td></tr>
<tr><td></td><td></td><td></td><td></td><td></td><td></td><td></td><td></td></tr>
<tr><td></td><td></td><td></td><td></td><td></td><td></td><td></td><td></td></tr>
</table>

战略中心型组织，即一个以战略为中心的组织。为了建立战略中心型组织，公司应组建以公司高层为核心的战略委员会，或者成立直接向最高层汇报的战略管理部门。

使用平衡计分卡的关键在于应用战略地图中的逻辑。战略地图的四个维度是层层支撑的，从四个维度中形成的战略主题也是层层支撑的，从而可以保证以战略指标为核心指标的各岗位的努力方向是一致的。

一个公司从平衡计分卡中一般可以形成20～30个战略指标，这些战

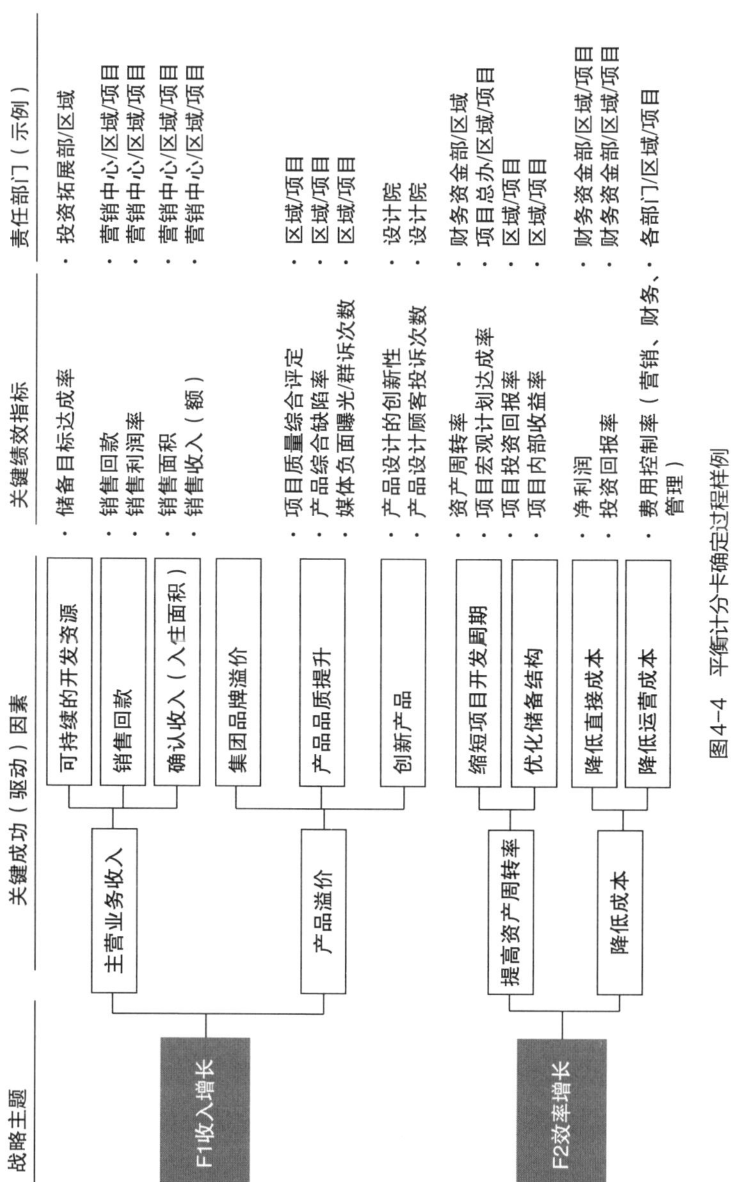


图4-4 平衡计分卡确定过程样例

略指标就形成了公司级战略指标。

从建立平衡计分卡的角度来看，公司可以建立公司级、部门（团队）级、岗位级的三级平衡计分卡。这三级之间的关系是：公司级的战略主题可以分解至部门，部门以此战略主题为核心形成部门级的平衡计分卡；部门级的战略主题分解至岗位，岗位以此战略主题为核心形成岗位级的平衡计分卡。在实际应用中，我一般建议平衡计分卡最多做到部门（团队）级即可，做至岗位级会导致内容过于细化，一些不重要的内容会成为个人的战略主题，从而使个人的工作失去重点。本书中，我只对公司级平衡计分卡进行说明。

b.指标分解

公司级的战略指标往下分解的过程就是指标分解，指标分解可以将公司级指标层层分解至最基层的岗位。

指标分解的工具有很多，常用的有价值树、鱼骨图，这两个工具的底层逻辑是一致的。接下来，我会对价值树分解的方式做详细介绍。

价值树分解，即通过价值关联的方式寻找上下级指标的关联关系。通常，想要完成上级指标，公司需要多个下级指标进行驱动，最终将所有战略指标分解到最底层。这个分解过程会形成一个树状结构图，如图4–5所示。

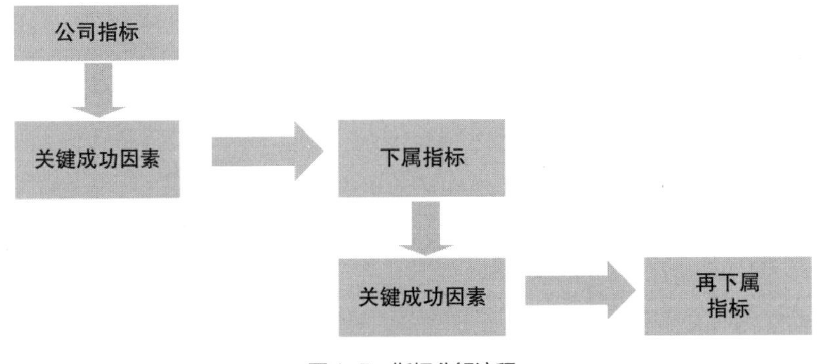


图4–5　指标分解流程

价值树分解有以下两个关键要素。

第一，我们应找出上一级指标的关键驱动因素（也叫关键成功因素），通过关键驱动因素，找出下一级的指标。

第二，MECE（完全穷尽、相互独立）原则是麦肯锡发明的，即在进行指标分解时，为了保证分解的完整性，我们应找出所有可能的驱动因素，各个驱动因素之间互相补充、互不重叠（分解时，一旦产生重叠的项目，我们就可以将这些项目进行再拆解，直到其不重叠为止），最终分解出来的项目合在一起正好100%达成上一级的项目指标。价值树被分解得越细，其可操作性就越强。

战略指标进行价值树分解（见表4-3）之后就形成了各岗位的战略指标。

表4-3 价值树分解样例

| 核心战略指标（公司级KPI） | 关键成功因素（KSF） | 关键绩效指标（部门级KPI） | 关键成功因素 | 关键绩效指标（岗位级KPI） |
|---|---|---|---|---|
| 销售净利润率 | 增加销售收入 | 年度销售收入 | 增加客户销售收入 | 老客户销售收入 |
| | | | | 新客户销售收入 |
| | | | | 大客户销售收入 |
| | | | 增加渠道销售收入 | 原有渠道销售收入 |
| | | | | 新渠道销售收入 |
| | | | 增加区域销售收入 | 外销总销售收入 |
| | | | | 内销总销售收入 |
| | | | | 各大区销售收入 |
| | | | 增加产品销售收入 | 已有产品销售收入 |
| | | | | 新产品销售收入 |
| | | | | 核心产品销售收入 |
| | | | 销售收入的均衡性 | 销售收入来源比例 |

（续表）

<table>
<tr><th>核心战略指标（公司级KPI）</th><th>关键成功因素（KSF）</th><th>关键绩效指标（部门级KPI）</th><th>关键成功因素</th><th>关键绩效指标（岗位级KPI）</th></tr>
<tr><td rowspan="15">销售净利润率</td><td rowspan="15">优化成本管理</td><td rowspan="4">制造成本费用率</td><td>控制研发成本</td><td>研发预算控制率</td></tr>
<tr><td>控制原材料成本</td><td>原材料成本控制率</td></tr>
<tr><td>通过技术或工艺改进节约生产成本</td><td>技术改进成本节约率</td></tr>
<tr><td>控制设备管理成本</td><td>设备管理成本费用率</td></tr>
<tr><td rowspan="11">经营管理成本费用率</td><td>控制品牌与营销成本</td><td>品牌与营销成本控制率</td></tr>
<tr><td>控制销售成本</td><td>销售成本费用率</td></tr>
<tr><td>减少坏账</td><td>坏账率</td></tr>
<tr><td>控制客户服务成本</td><td>客户服务成本费用率</td></tr>
<tr><td>控制物流成本</td><td>物流成本费用率</td></tr>
<tr><td rowspan="4">优化人工成本管理</td><td>人事费用率</td></tr>
<tr><td>人工成本销售收入、利润</td></tr>
<tr><td>工资福利成本费用率</td></tr>
<tr><td>HR职能成本费用率</td></tr>
<tr><td rowspan="2">加强预算管理</td><td>预算制定、调整、按时开展和完成率</td></tr>
<tr><td>成本费用与预算的差异率</td></tr>
</table>

价值树分解的一般流程如下：

- 找出价值树的树根（分解起点）。树根一般为公司经营业绩的根本指标和经营业绩的最终体现。这里，我们可以将战略解码形成的公司级指标作为树根。

- 找出完成树根的关键成功（驱动）因素。这里面的关键是选对树根的分解方式。树根的分解有多种方式，常用的有简单加总式（营业收入=经营单位A的营业收入+经营单位B的营业收入+经营单位C的营业收入）、逻辑构成式（利润=营业收入-成本，离职率=离职人数/期初人数）和构成要素组合式（人效的提升包括各部门或者各层级人效的提升）。在这一步中，我们应将最有利于分析企业业务构成、深挖企业经营潜力的分解方式作为最终的分解方式。这里需要说明的是，在分解过程中，有些因素从分解方式上看可以作为关键驱动因素，但是我们在实际分析中发现，其实它们对于指标的完成没有价值，我们可以将这些驱动因素去掉。比如，人效的提升可以分解为各类别人效的提升，但是如果我们发现其中一类人的人效已经高于行业值很多，并且没有提升的空间了，这个因素就可以不作为驱动因素，我们不用对其提取指标。
- 针对关键驱动因素，选择合适的衡量指标，并确定责任部门。一般情况下，一个关键驱动因素可以有1~3个指标。
- 重复前两步，直至将指标分解至最基层的岗位。这样，一个战略指标的价值树分解就完成了。

针对每一个战略指标重复以上步骤，即可完成所有战略指标的价值树分解。

c.战略解码和指标分解过程中的传递偏差与分解偏差

战略指标的分解是一个自上而下的过程，这个过程有两个关键内容：指标内涵的传递与指标目标的分解。这中间会出现两个偏差：指标内涵传递偏差与指标分解偏差。

指标内涵传递偏差是指，在将上级指标分解给下级时，由于对上级指标内涵理解得不透彻，或者分解后的指标无法完整表达上级指标的内涵而导致的偏差。

指标分解偏差是指，指标在层层分解时的失真导致分解后的指标偏离最高层指标。就像一面摔破之后重新拼装起来的镜子，即使拼装得再完美，也无法达到镜子的原始状态。

从实际操作的角度来说，指标内涵传递偏差和指标分解偏差在一定程度上是不可避免的。但是，偏差如果过大，就会导致战略执行无效，因此我们能做的是尽量减少这些偏差。那么，如何减少这些偏差呢？这需要我们首先了解出现这种偏差和不协调的原因。我从大量的咨询中发现，出现这些偏差的原因主要有以下几个。

原因一：传递人对战略的理解不够。

最高级别的传递人是公司的高层，其次是中层，然后是基层管理者，最后是员工。其中，任何人对自己所应承担的战略部分理解不够，都会导致其在向他人传递时出现误差。

原因二：传递发起人缺少战略意识。

战略意识是所有管理者（尤其是中高层管理者）应该具备的意识。管理者只有具备战略意识，才具有战略高度。公司的所有管理者只有具有战略高度，才能带来战略执行的协同。可是，我发现，很多公司的管理者甚至高级管理者的战略意识不足，他们在考虑问题时只会考虑自己的“一亩三分地”，从而出现大量的推诿扯皮现象。

原因三：传递发起人与传递接收人对战略目标的理解不一致。

在指标内涵的传递过程中，传递发起人和传递接收人的知识背景、信息掌握程度、对事件的理解程度不同以及信息在传递过程中的精确程度不同，会导致人们对同一个战略目标的理解存在差异，有时候这种差异还比较大。

原因四：传递接收人缺乏战略思考。

很多较低级别的员工通常认为战略离自己很远，自己只是公司的一个“螺丝钉”，只需要完成自己的工作就可以了，从来不思考自己的工作对公司的价值，从而导致一些指标的战略意图被削弱，导致最终组合起来的指标并不能有效支撑更高一级的战略指标。

基于这些原因，我建议大家从以下几个方面着手来减少战略传递和分解偏差。

- 加强对员工战略意识的培养。战略意识的培养不是一朝一夕的，需要公司的各级员工在日常工作中刻意地进行，尤其需要公司的高层管理者时刻将公司战略“挂在嘴边”。
- 让员工参与战略目标的制定与分解。这样可以增强员工的参与感，让员工更深入地了解战略目标的来源和意图。
- 加强上下级之间关于目标来源与分解的沟通。沟通是管理的灵魂，工作过程中的大部分问题都可以通过沟通解决，战略目标的传递和分解也是如此。

（2）横向流程关联

横向流程关联性指标包括直接关联性指标和支撑关联性指标两类。

第一类是直接关联性指标。如果A部门某个指标的完成需要B部门的支持，那么该指标可以直接作为B部门的指标。比如，“新市场销售额”这个指标的直接承接部门应该是销售部门，但是因为市场部承担着开发新市场并在新市场进行宣传的责任，所以这个指标也可以直接作为市场部的指标。

第二类是支撑关联性指标。如果A部门某个指标的完成需要B部门提供部分环节的支持，那么从这个提供支持的环节提取出来的指标可以作为B部门的指标。比如上面提到的“新市场销售额”指标，其直接承接部门应该是销售部门，但是因为市场部承担着开发新市场并在新市场进行宣传的责任，所以“市场活动次数”指标也可以作为市场部的指标。

这里要顺便说明的是，这两个案例用的是同一个指标，那么市场部到底该用哪个指标呢？很多公司都存在着类似的“两难选择”，从逻辑的角度来说，似乎两个都对，这其实跟公司的文化属性有很大关联。如果公司文化是狼性文化，那么该公司会倾向于选择第一种。如果公司文化是过程文化或佛性文化，那么该公司会倾向于选择第二种。

（3）岗位重点工作

岗位重点工作包括两个部分：岗位职责中的重点工作和不定期出现的重点工作。

a.岗位职责中的重点工作

岗位职责中的重点工作一般遵循“二八原则”，即将岗位重要性前20%的工作作为重点工作，从中提取的指标也可以作为指标库的一部分。

在岗位职责中提取指标时，我一般不建议对所有的工作职责都提取指标。

b.不定期出现的重点工作

在实际工作中，我们经常会遇到一些影响比较大的临时工作，从这些工作中提取的指标也可以作为公司当期指标库的一部分。

通过以上几种方式，我们可以形成公司每个岗位的指标库。这里需要说明的是，指标库并不是固定的，一般在每个绩效周期结束、下个绩效周期开始前，指标库都是要进行重新确定的。有些公司自己或者请外部咨询公司花很大精力给所有岗位做一套标准的、全面的指标库以作为相应岗位的长期指标库，但这种做法是对指标库的一种误解。

### 筛选关键指标

在指标库形成之后，我们要对每个岗位指标库中的指标进行排序，排序一般按照如下标准。

- 对战略目标实现影响较大的指标，也就是从战略目标分解到岗位上的指标。
- 对他人的战略指标完成影响较大的指标。协助他人完成工作体现的是团队精神，协助他人完成战略目标也是公司战略实现的必然要求，我一般建议将这类指标放在重要的位置上。
- 对个人工作目标（非战略目标）实现影响较大的指标。这里需要注意的一种情况是，尽量不要用“一定会完成”的指标，比如财务部的“及时提交月度财务报表”或人力资源部的“及时发放工资”，因为将这类大部分情况下“躺赢”的指标作为绩效指标没有太大的意义。
- 痛点指标。痛点指标指的是对工作有一定的影响且公司一直想要提升或想要完成但是一直没有有效提升或者完成的指标，这类指标需要我们重点关注。比如上面提到的“及时发放工资”这类指标，有些公司的HR经常因为各种各样的原因不能及时发放工资，这时候这个指标是可以用的。
- 其他指标。例如，除上面之外的其他指标。

在排序之后，按照如下要求确定KPI指标。

- KPI指标的数量一般以3～5个为宜，最多不超过7个。
- 保障、安全类指标一般不占权重，这类指标通常作为减分项或者一票否决项。比如安全事故类指标，这类指标的重要性非常高，但是在一般情况下不会出现。这类指标占权重没有太大的意义，一旦出现就会造成较大影响，所以我们对其的处理办法是，直接扣分，或者完全忽略KPI得分。

- 对于那些没有进入KPI但仍然比较重要的指标，我们可以将其作为日常工作的监控指标，定期对指标完成情况进行关注。

在确定KPI的过程中，我们可能会遇到一些问题，常见的问题及解决建议如下。

第一，对暂时没有数据的重要指标怎么处理？

很多公司在做战略指标分解时经常会出现一些指标很重要但是由于人们过去不关注而导致现在无法获取数据的情况，我对此的建议是：如果数据确实无法获取，那么我们可以暂时不将其作为KPI，但是需要将其作为重点关注的指标。在后期，我们要注意搜集相关数据，等到适合的时机再将其作为KPI。

如果有些指标确实没有绝对公平的数据获取渠道，我们就自己做一个相对公平的数据获取渠道，并将其作为标准。比如，有些公司的战略目标是希望做到市场领先，但是其所处的细分行业没有统一的数据统计，这时候我们可以采用自己的方式进行数据统计，只要方式基本合适，长时间累积下来的数据对公司在市场上获得地位的提升还是很有价值的。

第二，最终的指标是否要划分类别？

我发现，有些公司将指标分成结果类指标与过程类指标，或者财务类指标与非财务类指标，或者平衡计分卡的四个维度。一般情况下，我们按照前文所说的指标确定方式进行指标的类别划分是没有意义的。因为KPI指标提取的是关键指标，这些关键指标有可能属于同一类别，也有可能属于不同类别。

但是，如果我们没有办法按照前文的方式确定指标，那么这时候适当的分类可以对指标的确定有一定的引导性，从而避免思考的维度过于单一和狭窄。

第三，对于非KPI指标，员工是不是就不会关注了？

当我跟很多公司部门负责人谈起KPI指标时，他们都有一个担心：如果指标只有3～5个，员工是不是就不关注其他工作了？这也是导致有些公司试图定十几个甚至更多KPI指标的原因，它们担心如果不把某项工作确定为指标，员工就不会完成该项工作。

这种担心其实是没有必要的，这是因为：一方面，各种工作错综复杂且相互交织，完成一个KPI工作的背后可能需要完成很多的其他工作；另一方面，绩效管理并不是管理的全部，绩效管理只是众多管理方式中的一种，很多的日常工作管理在其他的管理方式中也可以体现出来，比如会议、日常的沟通等。

第四，KPI在执行周期内可以变更吗？

这是一个困扰很多人的问题，在KPI从开始被熟知到逐步被接受、普及的过程中，人们基本的观点是，KPI一旦确定，就是不能改变的。因为一旦KPI可以改变，KPI的严肃性就会受到质疑，后期再确定KPI时，KPI就会逐步不再受到重视，从而导致KPI失去效果。这是很有道理的，并被大多数企业的绩效管理者视为一条铁律。

可是，很多人忽略了上述方式的使用场景，即公司处在一个稳定的市场环境中，未来的变化基本是可以预见的。这在以前的企业环境里是可行的，但是如今市场环境日新月异，一个指标被制定之后可能在一个月甚至半个月之后就完全过时或者不重要，如果管理者还抱着原有的指标，那么这不但是毫无意义的，还会阻碍公司的发展。

回到绩效赋能的关键内涵上，在思考这个问题时，我发现，在快速变化的市场环境下，必要时变动绩效指标也不是不可以接受的，只是在实际执行中，我们需要配套合适的机制维护指标变动前后的权威性。比如，有些公司规定，一个周期内可变动指标的数量不超过20%，而且要经过严格的审批，甚至公司在必要情况下还要召集相关人员对其进行讨论。

### 设置权重

权重通常有两种设置法。一种是分值式权重设置法，即将总分值分解给不同的指标，如表4-4所示。另一种是占比式权重设置法，即确定每个指标的占比，如表4-5所示。

这两种方式本质上是一样的，本书以权重的形式对其进行讲述。在具体权重设置方面，我有以下几个建议。

第一，单个指标的权重通常以5%的倍数体现，指标权重的颗粒度不建议过小，因为指标权重太小体现不出来指标的重要性。

第二，单个指标的权重一般不建议过大，通常建议单个指标的最大权重不超过40%，因为过大的权重会导致其他指标失去存在的意义。

第三，在具体权重的设置上，一般战略类指标权重最大，流程关联类指标权重次之，岗位重点工作补充的指标权重再次之。

### 设定目标值

（1）基本原则

KPI指标目标值设定的基本要求是，目标要“跳一跳才能够得着”，在指标的具体设定上遵循SMART原则。

S：具体的。目标的描述对象一定是具体的，一般不建议出现描述模糊的指标。比如，有些公司的指标里面有“上级交代的其他事项”，公司试图用这个指标来将员工所有的工作都涵盖进来，殊不知这种方式恰恰会导致该指标没有意义。

M：可衡量的。这个原则是争议最大的，也是最容易被误解的。很

表4-4 分值式权重设置法

<table>
<tr><th colspan="8">Q1绩效考核表</th></tr>
<tr><td>被考核者</td><td colspan="2"></td><td>岗位</td><td colspan="2"></td><td>签署日期</td><td></td></tr>
<tr><td>考核者</td><td colspan="2"></td><td>岗位</td><td colspan="2"></td><td>评价日期</td><td></td></tr>
<tr><th colspan="2" rowspan="2">指标</th><th rowspan="2">标准分值</th><th rowspan="2">目标</th><th rowspan="2">评分标准</th><th colspan="2">评分</th><th rowspan="2">评分说明</th></tr>
<tr><th>完成情况说明</th><th>评分</th></tr>
<tr><td colspan="2">总销售额</td><td>30分</td><td>6 000万元</td><td rowspan="3">实际得分=标准分值×完成率，最高得分不超过标准分值的120%</td><td></td><td></td><td></td></tr>
<tr><td colspan="2">内销大客户销售量</td><td>10分</td><td>280万米</td><td></td><td></td><td></td></tr>
<tr><td colspan="2">针织市场销量</td><td>10分</td><td>50万米</td><td></td><td></td><td></td></tr>
<tr><td colspan="2">应收应付周转率</td><td>25分</td><td>100%</td><td>以完成100%为25分，每高1个百分点加1分 加分最高不超过5分，每低1个百分点扣1分，扣完为止</td><td></td><td></td><td></td></tr>
<tr><td colspan="2">新增小众市场客户数量</td><td>25分</td><td>30个</td><td>以完成30家为25分，每多3家加0.5分，加分最高不超过5分，每少3家扣1分，扣完为止</td><td></td><td></td><td></td></tr>
<tr><td>总分</td><td></td><td colspan="2">被考核者（签名）</td><td></td><td>考核者（签名）</td><td colspan="2"></td></tr>
</table>

表4-5　占比式权重设置法

| Q1 绩效考核表 | | | | | | |
|---|---|---|---|---|---|---|
| 被考核者 | | 岗位 | | | 签署日期 | |
| 考核者 | | 岗位 | | | 评价日期 | |
| 指标 | 权重 | 目标 | 评分标准 | 评分：完成情况说明 | 评分：评分 | 评分说明 |
| 总销售额 | 30% | 6 000万元 | 以下标准处在两个区间中间（平均值左右）可以打半数分值：<br>■ 完成100%及以上为5分<br>■ 完成90%及以上为4分<br>■ 完成80%及以上为3分<br>■ 完成70%及以上为2分<br>■ 完成低于70%为1分 | | | |
| 内销大客户销售量 | 10% | 280万米 | | | | |
| 针织市场销量 | 10% | 50万米 | | | | |
| 应收应付周转率 | 25% | 100% | 以完成100%为5分，每低1个百分点扣0.5分 | | | |
| 新增小众市场客户数量 | 25% | 30个 | 以完成30家为3分，每多3家加0.5分，每少3家扣0.5分 | | | |
| 总分 | | 被考核者（签名） | | 考核者（签名） | | |

多公司因为对这个原则理解得不正确而导致制定的很多指标都没有意义。这里最主要的原因是，很多人将这个原则理解为“可量化的”，并进一步理解为“可数量化的”。实际上，这个原则的真正含义是可衡量的。可衡量有两个维度：能量化的量化和不能量化的行为化（或者叫细化）。

指标量化的方法有很多种，如图4-6所示。数量化也只是量化的一种形式，量化的方法很容易理解，这里不做详细介绍。

图4-6 指标量化的方法

行为化就是将一些无法量化的指标用行为要求表述出来。行为化的做法有两种：一种是事件法，即将指标用规定事项的方式描述出来，这种方式在后面做结果评估时会根据事件的完成情况来确定评估结果；另一种是行为描述法，即将指标的要求用一些行为项描述出来，这种方式在后面做结果评估时一般会采用案例举证法，根据举证的案例是否符合行为描述的要求来确定评估结果。

事件法描述样例——下属成长（5分）。

- 每月对所有直接下属面谈一次并填写面谈表——2分。
- 分公司经理每周对周报进行点评，点评字数不少于20字——2分。
- 每月带1年以内的业务人员走访客户5次以上——1分。

行为描述法样例——问题解决能力提升（5分）。

以下只有一个符合要求案例的得1分，有两个分别符合不同案例的得3分，有三个分别符合不同案例的得5分。

- 能自如地应对变化或不确定的因素，在没有获得明确的解决方法之前，能够迅速、高质量地处理有困惑的问题 。
- 能积极采用各种手段或制订计划来有效预防各种问题的发生，做到防患于未然。
- 能识别一个问题中所蕴含的若干因素，并对每一个因素进行细分，能指出每个因素之间的因果关系，进而对问题进行深入分析，从而形成解决问题的多种方案，并能在多种方案中选择出最佳的方案。

行为描述法的案例也可以参考后续企业文化考核部分。

A：可达成的。目标一定是可以达成的，但这里的可达成是指要经过一定的努力才能达成，而不是“躺赢”。

R：相关的。指标代表的工作是这个岗位职责范围内的工作。关于这个原则，我一般不建议将团队的指标直接作为每个员工的指标（对于部分或者完全承接该指标的人是可以的）。比如，有些公司将整体利润、销售额指标作为每个部门负责人的指标并且分配同样的权重，这是很多公司容易进入的一个误区。这种指标名义上是增加员工的团队责任感，实际上却在指标完成较好时造成一些部门“搭便车”，在指标完成不好时造成一些部门推卸责任。

T：有时间限制的。指标的目标值一定是该绩效周期内可达成的。如果一个项目的整体完成时间是第四季度，那么其第一季度的指标便不是整个项目的完成情况指标，而应该是该项目计划在第一季度内的完成情况指标。

（2）目标沟通

目标值的提出有两种方式：自上而下提出和自下而上提出。战略型指标一般会自上而下提出，其他指标一般会自下而上提出。不管目标值以哪种方式提出，在绩效赋能体系中，目标值在上下级之间达成一致是很关键的，因为达成一致相当于双方形成了一种契约，人与生俱来的契约精神会为其带来强烈的目标感。

但是，这里需要说明的是，双方达成一致并不是说双方一定要在内心都对目标百分之百认同，只有理解了这一点，双方才会在进行目标沟通时不走弯路。

公司在自上而下提出目标值时，经常出现的一种情况是，下级认为上级定的目标过高，但根据公司发展要求，最终目标必须是上级定的目标值，否则双方很容易陷入僵局。对于这种情况，我提供两种处理方式以供参考。

第一种方法：这是决定——不谈目标，只谈完成策略。

我们先来看一个京东自建物流体系的故事。当初，在刘强东提出自建物流体系的决策时，京东的一位高管立马站起来反对了，他认为刘强东是在玩火，因为这样做的风险太大！但刘强东说："京东自建物流配送体系是我的决定，我今天不是来和大家商量的，确切地说是通知大家，请各位依照执行就是了。"同时，刘强东对那位高管说："我请你来京东不是让你来证明我的决策是对还是错的，而是让你把我的决策执行下去的，有困难就想办法去完成。"一周后，那位高管的位置已经换了别人。现在京东物流已经成为京东对抗阿里巴巴的核心竞争力了。

很多时候（类似于京东这种情况），敢想敢做才是企业最好的选择，因为一方面可以激发员工更大的能量（一个人的潜力往往比他想象的要大很多），另一个方面目标一旦成功将会给员工、团队或个人带来不可估量的价值。这时候跟下属谈目标的最好方式就像刘强东一样——这是决定，所以不跟下属谈目标，只跟他谈实现目标的策略。当然，在这种情况下，上级也要有承担风险的魄力。

第二种方法：门槛效应——在妥协中达成一致。

这种方法被很多公司采用，简单来说就是，如果公司的目标值是3 000万元，那么上级在跟下属沟通时就从4 000万元开始谈，这时候可能很容易达成3 000万元的一致目标。这其实是心理学中“门槛效应”的一个应用。心理学家查丁奈（Cialdini）发现，当人们拒绝接受一个较大的要求后，认知上的不协调会驱使他们建立新的平衡，从而容易接受一个较小的要求，当小要求与大要求有明显的联系且紧跟在大要求之后时，人们更容易接受这个小要求，这就是门槛效应。

在应用门槛效应时，起始点的确定很关键。起始点如果过高，就很容易造成员工的逆反心理。如果起始点过低，最终员工就很可能无法与上级在想要的目标值上达成一致。

我们在实际工作中具体采用哪种方法要视情况而定，一般第一种方法适合于以下几种情况。

- 当公司的产品是全新的或者公司要求员工做的事情是从来没有做过的事情时，设定的目标值要激进。
- 当无论怎么沟通，双发都无法达成一致时，下级可以保留意见，但必须按照上级的要求确定目标值。
- 公司的文化属性倾向于狼性文化，并且员工有很强的执行力。

第二种方法适合于以下几种情况。

- 指标有一定的数据或经验做支撑。在这种情况下，沟通前起始点的确定要根据产品的市场成熟度而有所不同。一般来说，市场成熟度越低，未来的不确定性会越高，目标起始点与实际目标之间的差距就越大。

- 公司的文化倾向于过程文化或佛性文化。

### 设置衡量标准

绩效指标常用的衡量标准有两类：一类是以精确计算为代表的百分制，另一类是以等级评价为代表的五分制（有些公司采用三分制、七分制、十分制等，本质上是类似的）。这两类方式分别代表的是两种思维方式：得分方式和评级方式。

（1）百分制

百分制是传统衡量标准的表现形式。在百分制方式下，分值之间的颗粒度较小，对评价的精确度要求较高，因此百分制通常用于完全可以量化的指标，比如以销售业绩为主的绩效指标。对于不能完全量化的指标，人们在评价时会有一定的主观判断，比如“培养员工”这个指标通常很难判断管理者应该得88分还是87分，这时候百分制就很容易引起争议。

百分制的另一问题是，它通常是扣分导向的。一般情况下，在确定目标时，我们会将完成最高目标定为100分（当然有些公司会设置指标加分，但能加分的通常是少部分指标，而且很难获得），员工只要达不到最高目标就会往下扣分，这容易给员工造成自己永远得不到满分的感觉和反感心理。这其实是现在很多公司的绩效考核不被员工认同的主要原因之一。

在实际应用百分制时，我有几个建议供你参考。

- 每个指标都有加分标准，而且所有指标加分的上限应该是一致的（一般以该项最高得分的20%为准），这样可以保证所有人获得的最高得分是一致的，保证了一定的公平性。我见过很多公司在设置指标加分标准时只在有些指标上进行加分，这导致有些人可以有很高的加分，有些人则可能完全没有加分，从而导致指标设置的不公平。

- 对于非量化的指标或者定性指标明确不同情况下的得分标准，其得分颗粒度应适当放大。由于这些指标自身的特殊性，它们无法像量化指标一样根据绩效结果精确计算出得分，所以我们可以适当采用类似五分制的衡量方式。

（2）五分制

五分制是近年来被广泛采用的评价标准，如表4-6所示。在五分制方式下，分值之间的颗粒度较大，分值的精确度要求不是很高。五分制更多强调的是对指标完成结果的分级，而不是精确计算，这样可以让打分人和被打分人不过分纠结于得分的精确性，从而降低打分成本。这种方式比较符合绩效赋能的理念。

表4-6 通用五分制评价标准

| 分值 | 参考打分标准1（定性） | 参考打分标准2（定量） | 参考打分标准3(时间节点、事件类） |
| --- | --- | --- | --- |
| 5分 | 该项工作绩效或表现大大超越常规标准要求。在规定时间之前完成任务，并且完成任务的数量、质量显著超出规定的标准，这给公司带来预期外的较大收益，内控风险防范严密 | 目标完成度为120%以上 | 在基本完成的基础上，完成的过程、效果卓越 |
| 4分 | 该项工作的业绩或表现超出常规标准要求。严格按照规定的时间要求完成任务，在数量、质量上超出明显规定的标准，超过预期目标，有良好的内控风险防御机制 | 目标完成度为105%～120% | 在基本完成的基础上，完成的过程、效果优良 |

（续表）

| 分值 | 参考打分标准1（定性） | 参考打分标准2（定量） | 参考打分标准3（时间节点、事件类） |
|---|---|---|---|
| 3分 | 该项工作绩效或表现达到常规标准要求。基本上达到规定的时间、数量、质量等工作标准，达到预期目标，内控风险防范措施基本达标 | 目标完成度为95%～105% | 基本完成要求（时间、工作节点、工作行为等） |
| 2分 | 该项工作绩效或表现基本达到常规标准要求。偶尔有小的疏漏，有时在时间、数量、质量上达不到规定的工作标准，并没有给公司造成较大的不良影响，但存在一定的内控风险和漏洞 | 目标完成度为80%～95% | 没有完成，或者基本完成要求（时间、工作节点、工作行为等），但是完成的过程、效果存在一定的改进空间 |
| 1分 | 该项工作绩效显著低于正常工作标准要求。工作中出现较大的失误，或在时间、数量、质量上与规定的工作标准相距甚远，经常突击追赶任务，给公司造成较大的损失或不良影响，缺乏内控风险防范意识 | 目标完成度为80%以下 | 同预定目标差距较大，或者基本完成要求（时间、工作节点、工作行为等），但是完成的过程及效果存在较大的改进空间 |

在五分制方式下，1分表示完成结果与目标值差距较大（通常是完成目标值的80%以下），2分表示完成结果与目标值有一些差距（通常是完成目标值的80%～95%），3分表示正好完成，4分表示完成结果超过预期（通常是完成目标值的105%～120%），5分表示完成结果大大超出预期（通常是完成目标值的120%以上）。在操作时，我们可以根据实际指标的情况制定出更为详细的有对性的5分评价标准。相对于百分制，五分制

是正向得分导向的，不会给员工造成总是在扣分的心理感觉。

在实际应用五分制时，我有如下几个参考建议。

第一，我们不要过于纠结打分的精确性。在五分制的理念下，完成一定范围属于同一分值是正常的，我们不必过于纠结细微的差异。

第二，通常，在实际打分时，我们根据需要可以打两个正数分值的中间分值，也就是1.5、2.5、3.5、4.5，但是不要打其他分值。

第三，对于行为化指标，我们可以将衡量标准明确写为“完成什么动作给多少分”的形式。

**确定数据来源**

每个指标的最终数据都需要一个客观的来源。一般情况下，量化指标和行为化指标来源有所不同。

（1）量化指标

量化指标的来源有两种：一种是来自自己或者自己所在的团队，在这种情况下，个人提供资料证明即可；另一种是来自第三方，在第三方提供数据的情况下，第三方又分为多个第三方和单个第三方。当需要多个第三方提供数据时，数据最好由专人进行搜集后再统一交给相关人，这样可以保证数据格式的统一性和公平性。在单个第三方的情况下，公司可通过专人搜集数据，也可自行搜集，只要在被评价时能提供证明即可。数据搜集的基本原则是准确、可靠和过程简洁。

定量指标的数据来源一般比较容易。如果公司的管理到位，那么公司对所有的定量指标都应该有详细的记录。但是，鉴于数据有时候也会说谎，而且有些数据是由上下级之外的第三方记录的，因此在期末进行评价时，我在数据搜集方面有如下几个方面的建议。

- 数据的统计标准应当在确定指标的目标值时统一明确，并在确定指标目标值的双方之间达成一致。

- 数据的统计人应在确定指标目标值时提前确定，一些影响较大的数据（比如财务数据、经营数据等）应该由公正的第三方进行搜集——一般建议由人力资源部专人搜集之后发给相关人员，其他的数据可由被评价人搜集并在具体评价时将其作为评价依据出具。必要时，评价人可以要求被评价人对数据的搜集过程进行说明。
- 无法搜集数据的指标不能作为绩效指标。

（2）行为化指标

行为化指标的数据来源也有两种：一种是评价人日常的观察，最好能有相关记录，这样更有说服力；另一种是被评价人自己提供证明，很多公司采用的行为举证法（案例描述或提供相关材料）都是由被评价人自己提供证明材料的。

## OKR

OKR是我个人非常喜欢的一个工具，现在每当我想要完成一个自己喜欢但有较大的难度的事项时，我都会做一个OKR。比如，为了完成本书，我在拖了近一年没有进展的情况下，为自己设立了一个3个月的OKR：

- O：完成《绩效赋能》图书的撰写。
- KR1：每月至少完成150页内容。
- KR2：每天坚持写。
- KR3：用思维导图随时记录本书的结构。

自从我用了OKR，我的写作效率有了明显的提升。本书得以完成，

OKR有很大的功劳。

那么，什么是OKR呢？我为什么会制定上面的OKR呢？

OKR是一套定义和跟踪目标及其完成情况的管理工具和方法，它也是一种能够促进员工与团队协同工作的思维模式。1999年，英特尔公司创立了这种方法，后来被约翰·杜尔（John Doerr）推广到甲骨文、谷歌、领英等，由于其理念很符合很多创新性企业的需求，故逐步流传开来。

OKR包括O（目标）和KR（关键结果）两个方面，执行者基于公司战略明确自身业务目标，并将目标分解为若干关键结果——作为阶段性目标。OKR的创立者英特尔前首席执行官安迪·格鲁夫，在他的书《格鲁夫给经理人的第一课》中这样解释自己如何成功创造出了OKR：

> 我要去哪里？答案就是目标（objective）。
>
> 我如何知道能否达到那里？答案就是关键结果。

### O

在OKR中，O就是目标，目标就是方向，目标通常是定性的、鼓舞人心的，目标的结果一般是可控的、可达成的且有价值的。

（1）目标分类

目标一般分为两类：一类是必须要执行的自上而下的目标，我们称之为承诺型目标；另一类是团队或者个人自行提出的目标，这类目标一般是团队或者个人的使命感在自我驱动，我们称之为自驱型目标。自驱型目标又分为团队自驱型目标和个人自驱型目标。

承诺型目标的来源主要有两个：一个是战略分解下来的目标，另一个是上级的自驱型目标分解下来的目标。

自驱型目标又可以分为以下几类。

- 创新类：创造一些全新的事物，或者创造一些全新的方法，这些新事物、新方法能给个人、团队甚至公司带来更高的价值。需要特别说明是，虽然有些新事物或者新方法可以为公司带来价值，但是带来的价值跟原有事物或者方法带来的价值是一样的，这种创新可能是不需要的。
- 优化、改善类：在原有的事物或者方法基础上进行一些调整或者微创新，从而为个人、团队甚至公司带来更高的价值。
- 个人能力提升类：从为公司创造更高价值的角度来看，个人的能力增长永远是有必要的。这里的个人能力增长是指对公司和个人长期的发展有利的个人能力提升。
- 团队协作类：每个人都是在为一个大的或者小的团队工作，只有团队协同工作才能创造出更大的价值。这里的团队协作类指的是为他人或者其他团队成员提供协助，从而更好地完成团队或者公司目标的工作。

从以上描述中，我们可以看出，所有自驱型目标的最终导向都应该是对公司有价值的。

（2）目标的确定方式

在OKR中，战略分解目标的过程同KPI的设定过程是类似的。不同的是，KPI从成功驱动因素中提取出来，而目标在大部分情况下直接利用成功驱动因素即可。

由于目标关系到个人的工作方向，并最终决定公司的发展方向，所以对于高级别和关键岗位来说，目标的大部分来源应该是自上而下的，也就是说，大部分高级别和关键岗位的目标应该是承诺型的。

在自驱型目标的确定上，团队自驱型目标和个人自驱型目标的确定一般有以下几种方式。

a.团队共创

团队共创也就是通过团队讨论的方式共同确定自驱型目标，团队自驱型目标的团队共创可以按照如下流程操作。

第一步：团队负责人带领大家一起回顾公司的企业文化、发展战略及团队职责。

第二步：每个人都提出一个有利于团队发展或者团队目标完成的自驱型目标，并进行多轮修改。

第三步：将大家提出的所有目标按照重要性进行排序。

第四步：将重要性最靠前的几个目标作为团队目标。

个人自驱型目标的团队共创可以按照以下流程操作。

第一步：团队负责人带领大家一起回顾公司的企业文化、发展战略及个人职责。

第二步：每个人都提出一个有利于个人发展或者个人目标完成的自驱型目标，并进行多轮修改。

第三步：团队讨论并将不重要的目标去掉。

第四步：采用自愿认领的方式将大家讨论的目标由员工领取。如果一个目标由多人领取而该目标只需要一人完成，或者一个目标无人认领，那么上级主管便可以根据员工的个人工作职责及能力确定领取人。

我们在进行团队共创时的注意事项如图4–7所示。

b.个人提出

由个人提出，并由上级批准形成自驱型目标，这种方式一般适合个人自驱型目标的形成。

（3）目标的撰写建议

在实际撰写目标时，我对管理者有以下建议。

- 避免维持现状，要通过一定的努力才可完成。如果我们只是想维持目标的现状，我们就不适合用OKR的方式，在制定OKR目标时一定是要有野心的。

图4-7 进行团队共创时的注意事项

- 尽量以动词开始。目标是行动方向，目标可以为行动人指明方向，可以提供行动动力，因此目标最好以动词开头，或者整个表达中包含动词，比如“客户满意度”是不能作为目标的，应该用“提高客户满意度”。
- 使用通俗易懂的文字撰写，避免使用缩写、行话。OKR是全员透明的，通俗易懂的语言不容易产生异议，可以让所有看到的人能明确理解目标的意思。
- 上级的关键结果可以直接作为下级的目标。如果上级的关键结果是定量的，那么我们可以将目标转化为定性的描述方式（也可以直接采用，目标不是必须要转化为定性的）。比如，人力资源部负责人的一个关键结果是招聘五个产品经理，那么这个关键结果就可以直接作为招聘人员的目标，也可以转化为“满足部门对产品经理需求”的目标。

- 目标数量以3～5个为宜。这个要求跟KPI是一致的，甚至在OKR中，一个目标也是可以的。

## KR

从定义上看，KR就是达成目标的关键事项或结果。

（1）一个好的KR的标准

可衡量。KR必须是可衡量的，只有可衡量，才能对员工的工作更有指导性。

充满挑战性，激励人。具有挑战性的关键结果要求，可以激发人的斗志。

团队OKR中的每一条都要有明确的负责人。有明确的责任人可以更好地保证KR的完成，同时有明确责任人的关键结果也更容易被向下分解。

横向和纵向对齐。横向指的是跟自己业务相关但不是自己上级或者下级的其他人或者团队，纵向指的是跟自己的上级或者下级对齐或保持一致。只有上下左右对齐才能保证大家的最终方向一致，且执行过程不出现方向性冲突。

可以推动结果实现。这一条很关键，在确定KR时，一个最重要的原则就是，每一个KR必须能够推动目标的实现，所有的KR合在一起必须能保证目标的完成，这也是确认OKR是否合理的一条最重要的原则。

（2）KR的分类

对KR的基本要求是可衡量的，因此像KPI一样，KR也分为两类：量化KR和行为化KR。这两类KR的描述方式在一定程度上类似于KPI的描述方式，这里就不再重复说明了。

（3）KR的目标值确定

前面谈到，一个好的KR是充满挑战的、激励人的。在具体操作时，我们可以从以下几个方面考虑。

a.拥抱最大可能性

这就要求我们在具体确定KR时要敢想。什么是敢想？谷歌创始人拉里·佩奇（Lary Page）曾说，如果你想让你的车加3.8升油跑50千米的话，那么你在设定目标的时候，一定要把这个目标设定为3.8升油跑500千米。虽然他的说法有点极端，但是这个例子非常形象地说明在OKR里什么是“敢想”的目标。

一般来说，我们在设定KR时要以“跳一跳才能够得着（付出120%的努力）”的KPI设定标准。举例来说，在设定一个新开发的软件的下载数量时，如果我们根据以往的经验，一个优秀软件在推出的第一个月平均下载量在10万左右，那么“跳一跳”的标准可能就是12万左右。在设定KR时，我们将这个目标值定在25万左右是比较合适的。

拥抱最大可能性背后的基本假设是，大多数人往往容易低估自己的潜力，因此对于以自我驱动为主的知识型员工来说，目标越高越能激发其内在的潜力，这时完成的实际结果可能就越好。

b.不要预设结果

“拥抱最大可能性”的最大忌讳就是预设结果。在谈及KPI目标时，我们容易根据能完成的预设结果来确定KPI的目标值，这就容易导致我们设定的目标过于谨慎，导致最终获得的结果也过于“谨慎”，这从某种程度上说会限制员工能力的发挥。

（4）KR的撰写建议

在实际撰写关键结果时，我有如下建议供你参考。

- 找出关键结果，而非全部结果。这里的关键仍然是遵循“二八原则”。

- 描述关键结果，而非任务方案清单（比如与某人开会讨论等），不要使用“帮助、协助、参与”等辅助性动作。在关键结果中，自己是关键责任人。这里需要注意关键结果和任务的区别，任务一般是临时或者短期内可以完成的（一般在两天内），而关键结果一般是提前确定好的，而且是持续一段时间的。
- 每个目标的关键结果应不少于两个，不超过四个。如果我们只有一个关键结果，关键结果和目标就是等同的，过多的关键结果就成了任务。

（5）关键结果的制定方式

怎么确定一个目标的关键结果呢？根据多年的经验，我总结出以下几种方式。

a.通过目标本身的内在逻辑或流程

有些事情本身是有内在逻辑和流程的，这些关键的逻辑和流程节点就可以作为关键结果，比如：

- 目标：完成一场高质量的高级管理人才集训。
- 关键结果：

  ——7月5日前制订两个培训计划，并在培训讲师内部讨论确定最终版本。

  ——7月15日前至少同10个培训讲师沟通，并选择合适的讲师。

  ——7月30日前督促参加培训的人读完《领导梯队》，并写下不低于200字的感想。

  ——培训满意度不低于95%。

b.通过目标的组成部分

有些事情本身是由几个关键的部分构成的，只要完成这几个关键的部分，我们就可以完成事件本身，而这几个关键部分就可以作为关键结果，比如：

- 目标：为整个数据平台提供数据面板修改和分析。
- 关键结果：

——1月底前实施新的队列分析数据面板。

——1月底前优化销售和市场数据面板。

——2月底前建立销售预测模型。

c.通过为了完成目标可采取的行动

有些事情要想完成是需要几个关键行动进行推动的，这几个关键行动就可以作为关键结果，比如：

- 目标：提升新产品的收入占比。
- 关键结果：

——新产品的研发速度提升20%。

——将销售人员绩效指标中的新产品收入指标权重增加到30%。

——增加新产品的广告宣传费用至500万元。

### OKR的评价标准

OKR的评价主要是针对KR进行的，将所有KR的平均结果或者加权结果作为目标结果，将所有目标的平均结果或者加权结果作为整体结果。

KR的评价标准一般分为1分、0.7分、0.5分、0.3分、0分五个级别，对应的描述如下（以下为通用标准，每个公司可根据自己的实际情况确定更适合的标准）。

- 1分：结果远超预期，几乎不可能达成。
- 0.7分：付出较大努力才达成的结果。
- 0.5分：稍加努力就可达成的结果。
- 0.3分：结果达成较差。
- 0分：工作没有任何进展。

## OKR的其他建议

（1）公开透明

OKR强调所有人（上到公司高层，下到每个员工）的OKR内容在整个公司内部公开，这样一方面可以保证在制定指标时彼此不产生冲突，另一方面可以促使相互之间随时提出建议，随时展开讨论，以保证目标更好地完成。

有条件的公司可以借助软件公开发布所有人的OKR，也可以将OKR打印出来粘贴在其他人容易看到的地方。

（2）上下左右对齐

OKR非常强调上下级之间和有工作关系的平级之间在指标设置上对齐，这个对齐既包括指标完成难易程度的对齐，也包括指标相互之间有关联时在关联的接口上保持对齐。

这里需要说明的是，实际上所有的指标形式（包括上面讲到的KPI，以及后续讲到的其他形式）都强调对齐，只不过KPI等指标形式更多是以自上而下的形式形成指标的，因此在进行指标分解时已经做到了对齐，而OKR的指标较大一部分是自下而上形成的，对对齐的要求会更高。

## 关于OKR的一些问题澄清

（1）OKR与KPI的区别

有一种说法是，OKR不是绩效管理工具，这是站在KPI的角度来看

OKR的。其实，从OKR的本质来说，它仍然是为公司绩效服务的，因此它仍然是绩效管理工具。但是，由于OKR更注重过程和沟通（后续会讲到），所以OKR不是绩效考核的工具。OKR和KPI的异同如表4-7所示。

表4-7 OKR和KPI的异同

| 类别 | OKR | KPI |
| --- | --- | --- |
| 相同点 | ■ 均是绩效管理的工具<br>■ 均强调“可量化”<br>■ 均关注沟通与反馈 | |
| 不同点 | ■ 包括目标与关键结果两个部分<br>■ 强调“我要完成”<br>■ 存在的主要目的不是考核某个团队或者员工，而是时刻提醒每个人当前的任务是什么，同奖金、调薪、晋升等基本不相关或间接相关<br>■ 每个人的OKR公开透明<br>■ 注重结果，更注重过程<br>■ 希望员工主动设置目标，且通常是有野心的目标 | ■ 主要包括指标和目标值两个部分<br>■ 强调“要我完成”<br>■ 为了考核而设置，同奖金、调薪、晋升等强相关<br>■ 个人的指标通常在一个团队内部是不透明的<br>■ 更注重结果<br>■ 员工被动设置目标，且目标值通常在可控范围内 |

（2）目标应该是定性的还是定量的

前面已经说过，目标通常是定性的，但是我们在很多地方看到，有些公司制定的OKR目标是定量的。那么，到底目标应该是定性的还是定量的，还是两者皆可？如果两者皆可，那么界限在哪里？

关于这个问题，我借用华为的一句话“方向大致正确，组织充满活力”来说明，目标代表的是方向，而方向是未来的，往往无法精确确定，这时候我们就不必纠结于目标的精确性，而要把更多的精力放在如何朝着差不多确定的方向前进上。在这个不确定的时代，我们往往发现，努力朝着大致正确的方向前进反而更容易给我们带来意想不到的效果。因此，目标在大部分情况下可以是定性的，对于高级别岗位、创新性岗位来说尤其如此。但是，这里并不是说目标一定是定性的，在某些方向已经确定的情况下，目标也可以是定量的。

（3）关键结果可以定性吗

其实，关于这个问题，我在前面已经说过，对关键结果的要求是可衡量的。可衡量的标准是，能量化的量化，不能量化的行为化。其实，这种行为化的情况基本就是定性的。

（4）要不要设置权重

我们知道KPI是设置权重的，而且权重对KPI来说非常重要。但是，OKR要设置权重吗？很多关于OKR的书或者文章对此都没有给出明确的说法，而且我看到很多案例里的OKR是没有权重的，这对很多熟悉KPI的人来说很不习惯。那么，OKR不需要设置权重吗？

其实，这个问题是没有标准答案的，但是大多数将OKR用得好的公司确实没有对其设置权重，因为：一方面，从OKR的本质来看，OKR不是绩效考核的工具，既然它不是考核工具，其得分就不是关键，对其设置权重的意义就没那么大了；另一方面，OKR中体现的都是重要的工作，其重要性相差不会太大，在这种情况下，对其设置权重也显得没有太大意义。

但是，由于有些公司的KPI思想仍然存在，很多人对OKR没有权重理解不了。在这种情况下，为OKR设置权重也是可以接受的。但在一般情况下，我们将权重设置到目标层面，而不要深入关键结果层面，因为：一方面，权重设置到关键结果层面会导致整体权重过于分散；另一方面，对关键结果来说，如果权重差别很多，那么我们需要重新考虑的是，权重小的关键结果是否还算作关键结果。

（5）关键结果都完成了，但是目标没有完成怎么办

这里主要涉及量化的目标与关键结果之间的关系，因为在定性目标

的情况下，所有关键结果合在一起的完成结果就是目标的完成结果。定量的目标与关键结果之间的关系会涉及两种不同的OKR理念（在当前的实践中，OKR的理念并不是统一的，不同公司的侧重点、管理理念不同，它们对一些细节的处理方式也不同）。

第一种理念认为，关键结果的完成必须能带来目标的达成。这是现在比较普遍的理念，在这种情况下，在确定关键结果时，你必须确保所有关键结果的达成可以保证目标的达成。为了保证这个结果，关键结果中必须包含目标的算数拆解部分（通过加减乘除中的一种或者多种组合计算得出）。比如，把完成3 000万元的利润作为目标，那么关键结果里面可能就要包含实现的营收数额和控制的成本比例，或者包含几个不同产品拆分的利润。

第二种理念认为，目标更多的是方向性指引。定量目标的最大作用是，在确定关键结果时有一个更精确的方向，这样可以制定出更有效的关键结果。只要这时候设定的关键结果是好的，关键结果完成的目标即使还没有达到要求也已经无关紧要，因为在这种情况下，公司虽然没有完成目标，但是已经达到了最初的要求。在这种理念下，定量的目标可以定得更激进一些，而且在这种理念下定的关键结果中会有较多的计划性内容。

## PBC

PBC来自IBM（国际商业机器公司），其核心纬度来自郭士纳时期IBM的核心价值观“力争取胜、快速执行和团队精神”。郭士纳通过价值观的这三个维度导出了PBC的三个维度，即结果承诺、过程承诺和团队承诺。后来，PBC被华为引入，并逐步改造后在全公司推广，PBC的推行在华为的发展中发挥了很大的作用。PBC样例表如表4-8所示。

表4-8 PBC样例表

<table>
<tr><td colspan="4">季度初填写，确认目标</td><td colspan="4">考核时填写</td></tr>
<tr><td rowspan="2">考核维度</td><td colspan="3">以下员工填写，部门负责人修正</td><td colspan="2" rowspan="2">以下员工填写</td><td colspan="2">以下部门负责人填写</td></tr>
<tr><td>季度重点工作目标/项目</td><td>权重分</td><td>评价标准</td><td>上级评分</td><td>备注</td></tr>
<tr><td rowspan="3">结果承诺<br>本人在考核期内要达成的绩效结果目标，以支持部门或项目组总目标的实现</td><td></td><td></td><td></td><td colspan="2"></td><td></td><td></td></tr>
<tr><td></td><td></td><td></td><td colspan="2"></td><td></td><td></td></tr>
<tr><td></td><td></td><td></td><td colspan="2"></td><td></td><td></td></tr>
<tr><td rowspan="3">过程承诺<br>针对绩效结果目标，要采取的相应措施、策略，以保证目标达成</td><td></td><td></td><td></td><td colspan="2"></td><td></td><td></td></tr>
<tr><td></td><td></td><td></td><td colspan="2"></td><td></td><td></td></tr>
<tr><td></td><td></td><td></td><td colspan="2"></td><td></td><td></td></tr>
<tr><td rowspan="2">团队承诺<br>需要做什么以提高自己对结果和过程承诺极为关键的团队效力</td><td></td><td></td><td></td><td colspan="2"></td><td></td><td></td></tr>
<tr><td></td><td></td><td></td><td colspan="2"></td><td></td><td></td></tr>
<tr><td colspan="2">合计</td><td>100%</td><td></td><td colspan="2">合计</td><td></td><td></td></tr>
<tr><td colspan="4">季度重点工作目标/项目确认（以下季初确认填写）</td><td colspan="4">考核结果确认（以下考核结束填写）</td></tr>
<tr><td rowspan="2">员工确认/日期：</td><td colspan="3" rowspan="2">部门负责人审核/日期：</td><td>考核总分</td><td></td><td>考核等级</td><td></td></tr>
<tr><td>直接上级签字/日期：</td><td>总经理（总监）审核/日期：</td><td>面谈记录/日期：</td><td>员工签字/日期：</td></tr>
</table>

## PBC的内涵

PBC之所以能获得一定的认可（尤其是获得华为的认可），是因为PBC背后的思想是符合现代管理思想的。

首先，PBC本身体现了现在多数公司都强调的一种文化，即团队合作和执行力。

其次，在PBC的内容上，结果、执行、团队三部分存在着严密的逻辑关系。如果想获得成果，我们就要有针对性的执行措施。在执行的过程中，团队协作的效果要远好于单打独斗的效果。

最后，PBC强调管理者不仅要明白做什么，还要清楚如何做。

## PBC各模块的含义

结果承诺，即赢的承诺，这里主要是指本人在考核期内所要达成的绩效目标，这些目标用于支持部门或项目组总目标的实现。结果承诺一般有衡量指标，说明做到什么程度或何时做完，这是在绩效期末衡量员工绩效是否达成的主要依据，所以结果承诺在某种程度上类似于KPI的指标。

过程承诺是指针对绩效结果目标，我们要采取相应的措施、策略，以保证目标达成。这里需要说明的是，执行的目标并不是简单的工作计划，它是工作计划的浓缩，是关键的措施。过程承诺的主要目的在于，让上下级就达成目标结果的关键措施进行认真分析，将一些风险、外部障碍尽量考虑到，从而使上下级都做到心中有数。因此，过程承诺主要针对较重要的结果目标，不是很重要的结果目标不一定有执行措施（目标）。对于过程承诺，由于它是一种过程性的描述，所以它不一定都有明确的衡量指标。在进行绩效评价时，我们主要看员工是否在按照规范的要求去做。

团队承诺，即在完成工作的过程中为团队协作做出的承诺，主要是一种导向和牵引，强调对周边、流程上下游及上级的支持与配合。对于较难明确衡量的指标，我们可以不写。

### PBC的权重设置

PBC考核的一般原则是，以责任结果为导向，同时关注关键行为（过程）。因此，结果目标所占的权重相对较大，比例范围在70%左右，过程目标比例范围一般为20%左右，团队目标一般为10%左右。

以上比例范围仅作为参考，具体应视不同公司以及不同部门的业务特点和性质，由管理者与员工共同确定。

PBC的思想与许多公司高层的述职考核在整体思路和衔接上是一致的，因此也得到了很多公司的应用和推广。实际上，PBC的核心仍然是KPI。

## 其他“另类”的绩效指标工具

以上是当前用得较多的绩效指标工具，除了这些之外，目前还有很多其他看起来有点“另类”但在各自公司或者群体里发挥了不错效果的工具。之所以说这些工具比较另类，是因为它们过于“小众”而没有普及，而且这些方式跟常规的工具使用程序是不同的。这里我简单介绍几种工具。

### 德勤绩效管理法

传统的绩效考核重目标，但是要么其实施过程复杂，要么其实施效果不理想。德勤重新设计的绩效管理系统，更看重员工未来的发展。

德勤发现，人们在评价别人时可能会标准不一，但在评价自己的感觉和意愿时往往不容易出现偏差。因此，德勤决定在评价下属时，主管不再为下属的技能打分，而为他们将对下属采取的行动打分。具体的方式是，问自己四个问题。

问题一：根据我对此人的了解，如果我用自己的钱为他支付奖金，那么我是否会给予其最高额的奖励（衡量其所有表现，以及其对组织的特殊贡献，选项从1分“强烈不同意”到5分“强烈同意”）？

问题二：根据我对此人的了解，我是否希望他能永远留在自己的团队工作（衡量其与他人合作的能力，以同样的五分制选项打分）？

问题三：此人是否濒临表现不佳的境地（判断其是否有损害客户或团队的问题，选择“是”与“否”）？

问题四：此人如今是否已具备晋升条件（衡量其潜力，选择“是”与“否”）？

也就是说，德勤的评价方式并不是关注主管对下属的看法，而是关注主管如何对待下属。

### 私密评价

传统的绩效管理方式强调绩效评价过程中的面对面沟通，因为这样有利于双方就评价的结果达成一致，同时有利于双方讨论需要改进和优化的地方。但是，有的公司偏偏反其道而行之，建立私密评价通道，所有的员工都可以通过这种方式对另外一个人的工作表现进行评价，而被评价人并不知道是谁给出的评价信息。

因为评价人在面对面评价时要顾及被评价人的感受，导致评价人故意隐藏自己的一些真实想法。但是，在私密评价情况下，评价人可以将自己的真实想法充分表达出来，这样被评价人就可以更好地获取自己工作表现的真实信息，从而进行更有针对性的改进和提升。

### 日清日结

日清日结其实是很多公司都在采用的方式，如沃尔玛、海尔等。沃尔玛称其为“日落原则”，强调今天的工作必须在今天日落之前完成，对于顾客的服务要求要在当天予以满足，做到日清日结、决不延迟，不管这些要求是来自小乡镇的普通顾客，还是来自繁华商业区的阔佬。海尔称其为OEC，强调将公司的工作落实到每人每天的每项工作上，并及时检查调整，其管理精髓是“日事日毕，日清日高”。

### 积分制管理

当前积分制管理已经成为公司的一种重要管理方式。积分制管理是把积分制度用于对人的管理，以积分来衡量人的自我价值，反映和评估人的综合表现，然后再把各种待遇、福利与积分挂钩，并向高分人群倾斜，从而达到激发人的主观能动性和调动人的积极性的目的。上海等很多城市使用的居住证积分就是积分制管理的一种。积分制管理是将工作中的事项细化成积分，积分可以定期清理，也可以永久性使用。

在实际使用时，积分制管理一般分为全工作事项积分制和部分工作事项积分制。

（1）全工作事项积分制

全工作事项积分制就是将一个人工作的所有事项都事先规定好积分，员工在完成之后便可以得到该积分。在这种情况下，员工的所有激励都可以和积分挂钩。全工作事项积分制一般适合工作比较简单、工作事项比较固定的岗位。

有些公司将绩效考核结果转化为积分，再配合一些其他工作事项积分，也可以形成全积分管理，这种形式适用于任何岗位。

（2）部分工作事项积分制

部分工作事项积分制就是将部分工作事项转化为积分。比如，很多公司采用的学习积分、积分制调薪都属于部分工作事项积分。

### 看板管理

看板管理是将工作进度以看板的形式实时展示出来。看板管理通常应用在研发项目管理和生产的日常管理中，在生产管理方面的应用已成为普遍现象。这里我以研发项目管理为例对看板管理进行简单说明。

研发项目的看板可以分为以下三类。

- 故事墙：通过卡片所处的“行”标明卡片目前所处的状态（比如卡片分成四列：准备、正在进行、测试和完成）。
- 任务墙：在故事墙基础上增加“列”，列中展示的是“开发人员”的姓名，例如第一行左边写着：刘珊，几个任务待开发，几个任务在开发中，几个任务开发完了，等等。
- 版本墙：关注的是版本进度，而不是单个需求，这非常适合一个迭代发布多个版本的极速团队。版本墙可以让团队清晰地知道各个版本的关键时间点，并以此为基础开展自己的工作，同时也让大家清楚地看到各个版本的进展以及是否如期进行。

看板管理有以下优点。

第一，随时展示进度。看板中的进度一般是及时更新的，通过看板，我们可以随时了解项目、个人的工作进度以及每个人的工作安排。

第二，在团队内部形成无形的激励。看板一般展示在团队的公共区域，团队内的任何人都能随时查看工作进度，而且在一般情况下，部门每天都会在看板前开晨会。对于知识型员工来说，这种方式在团队内部形成的精神激励比物质激励更有效。

第三，激发团队意识。研发工作一般都是团队工作，看板管理可以形成团队成员都来关心项目进展的氛围，这种氛围可以更好地激发团队成员的团队意识，有利于项目更好开展。

PD@GE

2015年，通用电气公司放弃了其运用了30年的微笑曲线（强制分布），而用一款名叫PD@GE的App（应用程序）取代了传统的绩效考核。

PD@GE是Performance development@GE的缩写，是一款以App形式出现的移动应用平台，上级和下级可以一起使用——进行绩效的目标设定与沟通。

PD@GE的作用是，上级和下级可以一起定义、比较近期的一些工作目标，并保持不间断沟通。通过该App，上级和下级可以实现更多对话，上级还可以激励下级，并提升下级的工作效率。

## 绩效指标工具的选择

从理论的角度来看，所有的工具都适合所有的公司，但是如果想要一个工具在一个公司更有效地应用，要么需要公司对工具进行适用性改造，要么需要公司的管理机制进行调整。不管哪种情况，选择更适合的工具从而实现最小的改造或调整是最佳选择。下面介绍一个指标选择的工具。

### 绩效指标工具选择模型

那么，如何选择绩效指标工具呢？我建议从四个方面进行考虑：公司文化属性、员工工作动机、公司管理成熟度以及员工工作灵活性（见图4–8）。

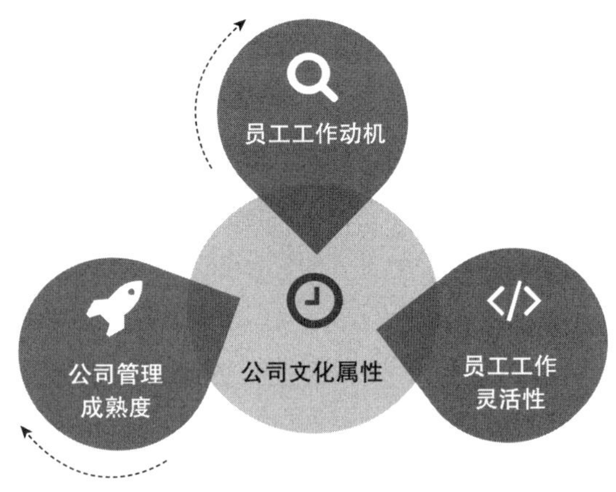


图4-8 绩效指标工具选择模型

### 公司文化属性

选择符合公司文化属性的工具能达到事半功倍的效果，很多公司的绩效管理体系没有发挥应有作用的很大一部分原因就是，其所运用的工具不符合公司的文化属性或者没有将工具改造为符合公司文化属性的工具。

### 员工工作动机

从员工工作意愿的角度来看，员工工作的动机分为外在动机和内在动机。

外在动机是指那种不是由活动本身引起而是由与活动没有内在联系的外部刺激或原因诱发出来的动机。

内在动机是指个体因对其所从事的活动本身有兴趣而产生的动机。这种动机无须外部推动，活动本身就能使个体获得满足，这种满足是对个体的一种奖励和报酬。因此，个体在从事这种活动时不需外力推动，甚至很多时候外部推力会起到反向的作用。内在动机也是人自发地对所从事的活动的一种认知，内在动机直接与活动本身有关。由于做某种事能激发人的兴趣、令人愉快，所以活动本身就是行动者追求的目的。内在动机的种类包括三种：第一种是对活动本身的兴趣，第二种是完成活动的乐趣，第三种是任务对人的能力的挑战。

实际上，个体不可能只有一种动机，但是任何个体都会有一种动机占据主要地位。一般来说，知识型员工、Y型员工、Z型员工以及马斯洛需求层次高的员工内在动机会占主要地位，其他类型的员工外在动机会占主要地位。

### 公司管理成熟度

公司管理成熟度包括以下两个方面。

一是公司管理机制的成熟度。这里并不单指管理制度的全面性，除了需要一定程度的全面性之外，管理机制的成熟度更看重的是管理机制的规范性和员工对其使用的熟练性。

二是管理人员领导力的成熟度。这里主要是指管理者的管理意识、管理认知以及管理方法是否正确。

### 员工工作灵活性

员工工作灵活性是指公司核心岗位的工作性质是否需要更多的创新或者员工的自主发挥。

## 模型应用

### 应用建议

通过以上四个维度，我们可以组合出各种不同的情况，而不同情况下适用的绩效指标工具是不同的。

狼性文化下的工作方式一般比较激进，我们可选择的核心绩效模式如表4-9所示。

表4-9 狼性文化属性下的绩效模式选择

| 动机 | 工作开放性（创新性、开放性） | 管理成熟度（机制、领导力等） | 核心绩效模式 |
|---|---|---|---|
| 外在动机驱动（需要外刺激） | 高 | 高 | 合伙人 |
| | 高 | 低 | 看板管理 |
| | 低 | 高 | KPI |
| | 低 | 低 | 积分制、计件等明确、即时的奖惩 |
| 内在动机驱动（不需要外部刺激） | 高 | 高 | OKR |
| | 高 | 低 | PBC |
| | 低 | 高 | 定性评价 |
| | 低 | 低 | 强流程化操作 |

过程文化处在狼性文化与佛性文化之间，我们需要的绩效模式也处在两者之间，如表4-10所示。

表4-10 过程文化属性下的绩效模式选择

| 动机 | 工作开放性（创新性、开放性） | 管理成熟度（机制、领导力等） | 核心绩效模式 |
|---|---|---|---|
| 外在动机驱动（需要外部刺激） | 高 | 高 | 提成 |
| | 高 | 低 | 提成 |
| | 低 | 高 | KPI |
| | 低 | 低 | 积分制、计件等明确、即时的奖惩 |

（续表）

| 动机 | 工作开放性（创新性、开放性） | 管理成熟度（机制、领导力等） | 核心绩效模式 |
|---|---|---|---|
| 内在动机驱动（不需要外部刺激） | 高 | 高 | 不需要 |
| | 高 | 低 | 工作计划 |
| | 低 | 高 | 不需要 |
| | 低 | 低 | 员工转换工作或提高管理成熟度 |

佛性文化追求内部的稳定和谐，我们需要的绩效模式一般比较缓和，如表4-11所示。

表4-11　佛性文化属性下的绩效模式选择

| 动机 | 工作开放性（创新性、开放性） | 管理成熟度（机制、领导力等） | 核心绩效模式 |
|---|---|---|---|
| 外在动机驱动（需要外刺激） | 高 | 高 | 合伙人 |
| | 高 | 低 | 看板管理 |
| | 低 | 高 | KPI |
| | 低 | 低 | 积分制、计件等明确、即时的奖惩 |
| 内在动机驱动（不需要外部刺激） | 高 | 高 | 不需要 |
| | 高 | 低 | 不需要 |
| | 低 | 高 | 不需要 |
| | 低 | 低 | 员工转换工作或提高管理成熟度 |

## 测试题

怎么判断一个公司属于哪种情况呢？这里有一套测试题可供参考。

（1）关于文化属性

以下选项中，最接近公司当前情况的是（　　）。

A. 以结果为导向，追求快速发展和产品的市场领先

B. 公司发展平稳，以满足客户的需求为主

C. 公司注重内部的和谐共处，将员工快乐作为公司的第一选择

答案A是狼性文化属性，答案B是过程文化属性，答案C是佛性文化属性

（2）关于工作动机

员工对表4-12中每道题目所表述内容的认可程度进行打分，认可程度分数为1～5分，1分表示非常不认可，2分表示不认可，3分表示不确定，4分表示认可，5分表示非常认可。

表4-12　工作动机测试题

| 维度 | 问题 |
|---|---|
| 外在动机 | 我选择这份工作，是为了获得这份工作给我带来的收入 |
| | 我选择这份工作，希望通过它可以过上某种生活 |
| | 我选择这份工作，希望通过它实现我的一些重要目标 |
| 内在动机 | 我从这份工作中感受到了极大的学习乐趣 |
| | 我之所以选择这份工作，是因为工作中充满了很有意思的挑战，这让我感到很满足 |
| | 我之所以选择这份工作，是因为我想体验到成功完成挑战性任务后的那种满足感 |

每个维度按照三个问题的平均得分进行计算，得分较高者即为动机倾向。如果两者打分相同，那么我建议按照员工内在动机进行判断工具

的选择。

（3）关于工作灵活性

员工对表4–13中每道题目所表述内容的认可程度进行打分，认可程度分数为1～5分，1分表示非常不认可，2分表示不认可，3分表示不确定，4分表示认可，5分表示非常认可。

表4–13 工作灵活性测试题

| 维度 | 问题 |
| --- | --- |
| 创新性 | 我的工作需要经常采用新方法来完成 |
| | 为了更好地完成工作，我可以尝试不同的方法，即使可能达不到效果 |
| | 必要时，我可以根据自己的实际情况，灵活地调整个人工作安排 |
| 开放性 | 我能清楚地描述公司的目标以及我上级的目标 |
| | 在必要的公司目标之外，我可以自己制定工作目标，并获得上级认可 |
| | 我可以清楚地获知他人包括上级的目标 |

按照所有维度的平均得分进行计算，如果员工得分超过3.5分，那么这说明员工工作灵活性较高。

（4）关于管理成熟度

员工对表4–14中每道题目所表述内容的认可程度进行打分，认可程度分数为1～5分，1分表示非常不认可，2分表示不认可，3分表示不确定，4分表示认可，5分表示非常认可。

表4–14 管理成熟度测试题

| 维度 | 问题 |
| --- | --- |
| 公司机制 | 在我看来，我们的组织层级已经足够扁平化，决策效率非常高 |
| | 我们被鼓励创新、试错或提出改善建议，积极迎接变化 |
| | 我认同并践行公司的企业文化 |

（续表）

| 维度 | 问题 |
|---|---|
| 领导力 | 我拥有足够的授权以做好自己的工作 |
| | 公司的管理风格能激励员工做到最好 |
| | 公司的管理层支持采用新思路和新方法来做事情 |

按照所有维度的平均得分进行计算，如果员工得分超过3.5分，那么这说明公司管理成熟度较高。

## 关于绩效指标工具选择的一些问题澄清

面对这么多的绩效指标工具，我们会对这些指标间的关系提出一些问题。这里我对经常遇到的一些问题进行澄清（除指标工具之外，绩效赋能其他步骤所使用的工具也会遇到类似的问题，答案其实是一样的）。

### 各工具之间是相互替代的关系吗

大部分工具之间的关系确实是可以相互替代的，但在有些情况下，各工具之间也是可以共存的（注意共存和替代不是相互矛盾的），比如KPI与OKR，KPI更注重结果，OKR更注重过程和沟通，所以有些公司季度用OKR，半年度或者年度用KPI。有些工具适用于公司的不同群体，比如，有些公司在高层用OKR，中层用KPI，基层用积分制考核。这就是前面说过的选择工具时的“分时、分类、分层”原则。

### 有适用于所有人、所有情况的最好工具吗

从理论的角度来看，任何一个绩效工具只要进行部分改进都可以适用于所有人、所有情况。但在实际应用中，我的建议是，最好根据公司的实际情况选择合适的工具。因为任何工具都有其固有属性或者人们印象中的属性，其不管被如何改造，在实际应用时总会受到固有属性的影

响，从而导致工具的实际效果打折扣。比如，KPI在人们印象中的属性是跟奖金挂钩的，绩效指标工具如果不想跟奖金挂钩又要用KPI，就会导致员工对KPI的不信任，从而导致其失去效用。

另外，没有任何一个工具是完美的。因此，我们在使用工具时不要试图追求完美，这样只会让我们越来越讨厌工具。从效用的角度来看，只要该工具产生的正向效果大于负向效果，它就是可用的，尤其是在刚刚使用一种工具的时候，很多工具都是越用越有效的。

# 绩效指标设定的其他说明

## 绩效指标设定的一些问题澄清

### 团队负责人指标与团队指标之间的关系

团队负责人指标与团队指标之间的关系设定有两种方式：第一种，团队的指标就是团队负责人的指标；第二种，团队的指标加上个人的指标形成团队负责人的指标。从逻辑的角度来看，第二种方式是比较合适的，但是从实际操作的角度来看，第二种方式会略微有些复杂。对于大部分初建绩效管理体系的企业来说，我建议它们先采用第一种方式。

### 年度指标与季度或月度指标的关系

季度或月度指标代表的是一段时间的阶段指标，年度指标代表的是一年的整体指标。阶段指标和年度指标的设定通常有两种方式。

方式一：既设定阶段指标，又设定年度指标。

这种方式背后的思考是：

- 阶段性工作的完成或者未完成并不代表长期工作的完成或未完成，

公司既注重阶段性工作又注重长期工作。

- 有些阶段指标存在完不成的可能，但长期来看，如果总指标完成了，那么团队或个人仍然会获得考核认可。
- 部分长期指标无法被分解到阶段，只能用长期指标。

方式二：仅设定阶段指标，各阶段指标的合计可以代表年度指标。

这种方式背后的思考是：

- 从逻辑的角度来看，阶段指标是长期指标的分解。公司既然制定了阶段指标，就没有必要制定长期指标。当管理者在制定阶段指标时，我建议其将上一阶段未完成的指标累加至下一阶段，以保证全年指标的完成。比如，全年的销售目标是1亿元，每个季度2 500万元。如果第一季度只完成了2 300万元，那么第二季度的指标变为2 700万元；相反，如果上一阶段的指标被超额完成了，那么我不建议在下季度指标中进行扣减。比如上面的案例，如果第一季度完成了2 700万元，那么第二季度的指标仍然是2 500万元。
- 外部环境变化很快，长期指标代表的工作重点很可能在某个阶段会失去价值，我们在这种情况下制定的长期指标是没有意义的。
- 既制定阶段指标又制定长期指标会增加管理成本，而且这种成本的增加在很大程度上代表的是重复工作。

任何做法都有其合理性，因此公司可以根据自身的情况进行选择。

### 能力指标

很多公司在设定指标时都会将指标分为业绩指标和能力指标。业绩指标代表工作结果，能力指标代表员工在实现结果过程中发挥出来的能力。但是，能力指标在实际应用时经常遇到的“尴尬”是，无法被有效评价。那么，能力指标作为绩效指标是否合适呢？我们首先需要回答以下两个问题。

问题一：能力是否可以作为绩效指标？

从完成工作的逻辑来看，能力是员工完成工作任务的基础，是否完成工作任务从一定程度上可以反映出该员工的工作能力。因此，从这个角度来讲，能力指标是不需要作为绩效指标的。

但是，换一个角度来看，工作的结果又不一定完全是能力带来的。另外，即使工作完成了，能力也不一定被完全发挥出来。因此，从这个角度来讲，能力似乎又应该作为绩效指标的一部分。

两者似乎都有道理，那么我们到底应该从哪个角度来回答这个问题呢？这里其实没有标准答案，也就是说，这两个逻辑都是对的，也可能都是错的，关键要看公司的管理导向。如果公司的管理是“结果导向”，能力指标就不需要作为绩效指标；如果公司的管理是“过程导向”，能力指标就可以作为绩效指标。

问题二：如果能力可以作为绩效指标，那么我们又该如何操作？

这要从两个维度来回答，即能力指标在整体中占的权重以及能力的评价标准。

从权重的角度来看，员工的级别越高，公司对其考核会越倾向于“结果导向”。所以，对于管理级别越高的员工来说，其能力指标的权重应该越小，甚至部分高级别的管理岗位不应该有能力指标。

从评价标准的角度来看，能力指标的评估标准有三种方式：第一种是事件法，即将指标用规定事件的方式描述出来，我们在后面做结果评估时会根据事件的完成情况来确定评估结果；第二种是行为描述法，即将指标用一些行为描述出来，我们在后面做结果评估时一般采用案例举证法，根据举证的案例是否符合行为描述的要求来确定评估结果（在

SMART原则中已讲述）；第三种方式是纯粹的定性评价，直接上级或者相关人员根据被评估人的日常工作表进行评价即可。

## 绩效指标设定的常见误区

由于固有思维、工作局限性或者对绩效指标的浅显理解等原因，在制定绩效指标时，很多人容易陷入一些误区，从而导致事倍功半，甚至方向性错误。

误区一：狭隘的“一亩三分地”思想。

有一个客户，其研发部门有一个指标是“开发新产品的数量”。每次公司考核这个指标时，该部门都完成得非常好。但是，公司近几年却没有推出新的“爆款产品”，公司的前景不容乐观。

我分别同研发部门和销售部门的负责人和员工进行了沟通。研发部门认为，“我们已经完成了自己的工作——开发新产品，而且很多时候我们完成的比公司要求的还要好，是公司的销售不主动推广新产品才导致目前这种情况的”；而销售部门认为，“客户都不愿意要研发部门给我们的产品，甚至有些产品我们自己都不好意思拿出去销售”。

我认为，造成现状的主要原因是，研发和销售缺乏协同，两个部门都在努力完成自己的分内工作，却没有给公司带来整体的价值。在跟公司的高层及两个部门多次沟通后，我将“新产品的销售额”确定为两个部门的共同指标，同时建议两个部门定期沟通，并在新产品立项、新产品开发、新产品推广等各流程及环节上加强协同。

这就是狭隘的“一亩三分地”思想，很多人在执着、努力地完成自己工作职责范围内的事情，却发现其回报远小于付出。解决这个问题的主要方式是，在确定指标时，所有部门都要有全流程的客户思维。

误区二：自私的“我只要我能完成的指标”思想。

有些公司的员工，甚至高级别的管理人员，在确定指标时会想尽各种办法降低指标的目标值或者把自己完成不了的指标去掉，以保证所有的指标都能被自己掌控。

有一次，在同一个公司的生产副总沟通他的指标时，我无论怎样与他沟通，他都坚持要把指标换成自己确定可以完成的指标。比如“单位产品生产成本降低”这个指标，他坚持说只有公司生产更多的产品，平均下来的单位生产成本才能更低。但是，公司近年来产品产量稳定，甚至略有下降，没有降低的空间了。我同工艺部门、质量部门、生产车间等相关人员沟通后发现，该公司在精益生产上做得并不好。如果该公司能引进精益生产，甚至只是做些工艺改进，那么这可能会给公司降低不少成本。在长时间沟通无果后，我只好通过总经理向这位副总发出了灵魂拷问：“如果指标都能这么容易完成，那么公司设置生产副总的意义是什么呢？”

误区三：既做裁判又做运动员。

我经常发现，很多公司的研发体系不健全，产品开发的项目立项、过程评审和结果评审等都是由研发部门自己完成的，即研发部门“既做裁判又做运动员”，这导致一些公司开发出了很多没有市场价值的产品。

还有一些公司的原材料合格率是由采购部门自己判断的，招聘及时率中“招聘是否及时”的判断标准是由人力资源部门自己说了算的，质量的评价标准是由生产部门设定的……这些都是“既做裁判又做运动员”的表现。

误区四：“自以为是”的合理指标。

有一家生产高端家具的公司，它自己设定的目标是做“最具性价比”的高端产品，因此该公司一直以简洁的设计风格、标准化的安装流程来进行产品定位。这看起来似乎没问题，但是该公司产品的市场反响一直不理想。直到有一次公司高层参加了一个论坛，同一些用户沟通后才发现，对于高端产品的消费者来说，性价比并不是其主要考虑的因素，“高雅的设计风格、个性化的需求设计”才是这些用户群体最关注的。

公司核心指标提取的来源一定是公司战略，而公司战略的出发点一定是客户需求。只有认识到这一点，公司提取的核心指标才有意义。

误区五：没有对比就没有伤害。

我的一个客户是一家纺织公司，在纺织企业中，货物的交付期是生产部门的一个非常重要的指标，而这家公司在合同交付期内的交付率基本达到了100%，这是一个非常好的结果。可是，这家公司的订单却在逐年减少，公司的业绩也一年比一年差。

调查之后，我发现，由于受季节性因素影响比较大，纺织企业的交付期越短，产品越能获得客户的青睐。这家公司交付期指标之所以完成得非常好，是因为公司在合同中给客户的交付期都比较长，而市场上同类型公司的交付期是这家公司的一半，客户当然就会流向对手了。

这就是典型的“没有对比就没有伤害”，或者“没有对比，伤害更大”。

对于一些通用的指标来说，公司在确定目标值时要学会跟对手相比，跟同行相比，只有比它们做得更好才能更有价值。

## 执行计划的制订

执行计划是对完成目标的过程性规划，计划一直是一个大家都知道其重要性但又常常忽略的动作，主要原因是很多人没有事前做计划的习惯，或者做过计划但当计划没有被很好地执行时就认为计划的作用不大。

接下来，我们来详细分析一下绩效计划的特点和作用，以及如何制订有效的绩效计划。

## 计划的特点与作用

计划之所以重要，是因为计划有以下特点与作用。

### 目的性

计划是为完成某一事件而设计的，其目的明确。

### 指导性

计划是在行动之前制订的从事物的初始状态到实现最终目标的路径，它对实现目标要完成的关键事项、程序、节点、措施以及可能遇到的问题都进行了预判和规划，因此它对人们的行动过程具有很强的指导性。

### 系统性

在制订计划的过程中，计划的制订者需要有全局的眼光，以完成目标为最终目的，系统化地考虑计划的各个环节，从而使最终结果达到系统最优，而不是个别节点的最优。

### 效率性

提前制订好计划，可以减少执行中重新思考带来的时间和精力的浪费，同时计划一般是经过多方思考和讨论之后的最优方案，因此可以大大提高完成事情的效率。

## 计划的可用性

这里之所以用“可用性”而没有用“准确性”，是因为计划的绝对准确性其实是一个伪命题。很多人认为，计划一定要绝对准确才有价值，否则还不如不做计划。既然计划是对未来行动的指引，我们就很难将其做到绝对准确。

从计划价值的角度来看，制订计划更应该追求的是可用性而不是绝对的准确性。

## 计划的固定性与灵活性

在计划中，事件或者关键点的顺序可以是灵活的，也可以是固定的。如果计划的顺序是灵活的，我们在计划中只需要体现出其所要采取的关键性措施就可以了；如果我们在计划中对这些措施的执行时间和顺序没有严格要求或者只是大概要求，员工只需要在要求的周期内执行就可以了，时间和顺序只是一个建议或者指引；如果计划的顺序是固定的，那么员工必须按照相应的时间或者顺序来完成。

那么，如何确定计划的顺序是灵活的还是固定的呢？我们可以参考以下建议。

第一，当任务相对简单、员工完成任务的动力很足的时候，计划的灵活性比固定顺序更有助于实现目标。当员工需要做出较为困难的改变或是动力比较低的时候，计划中结构化的顺序能够帮助人们完成既定目标。

第二，假设你想说服下属完成一项工作，在琢磨“是让大家灵活行动还是按规定顺序执行”之前，你需要先问自己一个虽然很小却意义重大的问题：“我面临的主要问题是说服大家认同这项工作，还是鼓励他们坚持完成这项工作？”如果答案是先说服大家接受这项工作，接下来你要做的工作就很清楚了，即行动顺序应当越灵活越好，并且你在宣布这项工作时就要强调这份灵活性。但是，如果答案是鼓励大家坚持到底，制订一个结构清晰、按部就班的行动计划就更为有效。

第三，有些事件的完成是必须按照一定的节点顺序来执行的。在这些事件中，上一个节点的结果往往是下一个节点的开始，这时候固定的顺序是必要的。

## 计划的周期

计划的周期一般分为年度、半年度、季度、月度、周、日，绩效指标完成的最大周期与绩效赋能的周期设定应该是一致的。从分类、分层管理与精细化管理的角度来看，关于计划的周期，我一般建议公司做到以下几点。

- 公司应该做年度计划或者半年度计划。
- 中高层以上管理人员至少应该做月度计划，生产和销售人员最好能做日计划，其他人员最好能做周计划。
- 所有人都可以做日计划。如果所有人能采用合适的工具并建立做日计划的习惯，那么每天坚持做计划并不复杂，其产生的作用可能比你想象的更好。

## 制订计划时应具备的几个意识

### 计划应该追求方向的正确性

只要方向正确，计划可以对后面的执行产生指导价值。一般情况下，经过一定思考、讨论的计划都不会出现方向性错误（个别情况除外）。只要能做到方向大概正确，计划就有其价值。

### 能做到70%～80%准确的计划就是好计划

大部分的计划无法做到100%准确，但大部分的计划是可以做到70%～80%准确的，而且计划也应该做到70%～80%的准确性。在大部分人制订计划之初，计划的准确性可能只有20%～30%。经过一两次这样的计划后，很多人就对该计划的作用产生了怀疑，开始放弃制订计划。制订一个好的计划是一个循序渐进的过程，只要有耐心和一些工具的辅助，计划的准确性是完全可以达到的。

### 计划是用来执行的

制订一个好的计划需要充分思考并遵循一定的程序，这会花费一定的时间和精力。很多人认为，这是在浪费时间，因此很多人在制订计划的时候抱着应付的心态，这样的计划当然发挥不了太大的作用。所有人在制订计划的时候一定要有一个关键的意识，即计划是用来执行的，而且公司也应该采用一定的流程来保证计划的执行。只有这样，计划才能真正发挥作用。

### 做计划是一种习惯

从计划的作用角度来看，其实不存在应不应该做计划的问题，所有人都应该做计划，从不做计划到做计划是一个养成习惯的过程。养成习惯的过程可能是痛苦的，但是习惯一旦养成，其价值绝对超出你的预期。

## 制订计划的方法与工具

常用的制订计划的方法与工具有以下几种。

## 5W2H

5W2H是最常用的一种方式，如表4-15所示。

表4-15　5W2H计划表

| What | | | | | Why | How | When | | Who | Where | How much |
|---|---|---|---|---|---|---|---|---|---|---|---|
| 季度指标 | 责任目标 | 分目标（月） | | | 指标来源 | 关键举措 | 时间 | | 责任人 | 完成事情的地点 | 预计成本 |
| | | 1 | 2 | 3 | | | 开始 | 结束 | | | |
| | | | | | | | | | | | |
| | | | | | | | | | | | |
| | | | | | | | | | | | |
| | | | | | | | | | | | |
| | | | | | | | | | | | |
| | | | | | | | | | | | |
| | | | | | | | | | | | |
| | | | | | | | | | | | |
| | | | | | | | | | | | |

5W2H主要包括以下几个方面：

- What（要做什么）：通常是指标的内容，我们也可以对指标做进一步解释。
- Why（为什么做这个指标）：我们可以填写指标的来源，比如战略分解、流程关联、重点工作等。
- How（如何做）：明确做事情的方法，就是“把事情做正确”，这样做事情的效率才会高。
- When（何时来做）：明确做事情的起始时间、完成时间和做事情的顺序，没有时间点就没有控制，When通常跟How是配合使用的。

- Who（谁来做）：指标的主要责任人是谁，我们也可以加入第二责任人。一般情况下，团队指标或者团队负责人的指标会有不同的责任人，而基层员工的个人指标的主要责任人通常就是员工自己，个别重要的个人指标员工可能仅是第二责任人。
- Where（在何处做）：明确做事情的地点。
- How much（做这件事情需要多大的成本）：把预计的开销标识出来，避免在计划执行后，我们因事先未考虑到必要的成本，致使计划实施受阻。

5W2H在实际应用时可以进行简化，其中Where、How much和Why在某些场合或者情境下可以不使用，但是其余的3W1H是做严肃的计划时必须要有的内容。

## 清单法

清单法就是我们要列出计划执行事项的清单，然后按照其重要性排出顺序，在执行的时候再按照清单上的顺序一个一个地执行。清单法的操作非常简单，我们只需要拿出一张纸，或者随便打开一个电子版的笔记本，列出清单就可以了。每执行完成一项，我们就可以在完成的项目后面打钩（打钩的成就感会促使执行人努力完成计划）。当然，现在很多App有专门的做清单计划的功能，可供尝试。

清单法看似简单却是一种非常实用且有效的计划方式。要想理解清单法的作用，我们先来看一个真实的故事：

1890年，在匹兹堡的一场鸡尾酒会上，有个人把年轻的泰勒（著名的管理学家，当时还未成名）介绍给了卡内基（美国钢铁大王）。在听说了泰勒是一个管理学顾问之后，卡内基对泰勒说："年轻人，如果你能告诉我一些关于管理学方面有用的东西，我就给你1万美元的支票。”在那个年代，1万美元可是一大笔钱。所以，旁边的人都停下了谈话，想听听泰勒究竟会给卡内基什么样的建议。但令大家都没有想到的是，泰勒给出的建议居然是一个非常简单的关于列清单的建议，他说：“卡内基先生，我会建议您列出10项要做的最重要的事，然后从第一项开始做起。”当时，大多数人对此建议嗤之以鼻。令人没想到的是，在一周之后，泰勒真的收到了一张1万美元的支票。

作为著名的钢铁大王，卡内基能爽快地给还未成名的泰勒支付1万美元本身就说明了清单法的作用。

实际上，清单法的作用并不仅仅是列出流水账般待办事项这么简单。清单法可以让人明确工作方向，促使计划人开始行动，同时提醒计划人将时间分配在相对重要的事情上。

由于简单易操作，清单法在很多场合获得应用，比如飞机起飞前的检查清单、医院的例行检查清单以及很多公司的安全隐患检查清单。清单法是适合所有人的一种计划方式。

## 四宫格法

四宫格计划表，即将计划划分为四部分，如表4-16所示。第一部分是绩效指标，第二部分是总计完成情况，第三部分是周工作计划，第四部分是周计划完成情况。

表4-16 四宫格计划表

一、绩效指标

| 季度指标 | | | |
|---|---|---|---|
| 指标 | 指标释义 | 评价标准 | 权重 |
| | | | |
| | | | |
| | | | |

二、总计完成情况

| 到目前为止的完成情况 | 最终目标完成的可能性 | 可能性低于60%情况下的原因 |
|---|---|---|
| | | |
| | | |
| | | |

三、周工作计划

| 项目 | 事项 | 本周工作计划 | 优先级 |
|---|---|---|---|
| 针对绩效指标 | | | |
| | | | |
| | | | |
| | | | |
| | | | |
| | | | |
| 其他 | | | |
| | | | |
| | | | |
| | | | |

四、周计划完成情况

| 实际完成情况 | 未完成原因 | 季度其余时间的工作重点 |
|---|---|---|
| | | |
| | | |
| | | |
| | | |
| | | |
| | | |
| | | |
| | | |
| | | |
| | | |

第一部分直接填入已经确定好的绩效指标，不管是KPI形式、OKR形式还是其他形式。直接填入绩效指标的目的是，时刻提醒员工在工作中应重点关注哪些指标。

第二部分主要包括三项：第一项是“到目前为止的完成情况”，主要填写截至回顾时间点的完成情况；第二项是“最终目标完成的可能性”，主要填写截至回顾时间点预估的目标完成的可能性，用百分比表示，这里我们只要预估即可，不必追求精确；第三项是“可能性低于60%情况下的原因”，其主要目的是对完成可能性较低的项目进行重点关注和分析。

第三部分主要填写接下来一周（或者其他固定周期）的工作计划，这些工作计划包括针对绩效指标的计划，以及同绩效指标关系不大但很重要的其他计划。这里重点说明一下“优先级”这一项，这里的优先级可以填写两级：1级表示最重要，必须要完成；2级表示在有其他更重要的临时事项时可以暂缓。

第四部分是在每周结束之后进行回顾时填写的，其中“季度其余时间的工作重点”是希望填写者建立一个“长期、系统”的概念，对未来的工作有一个提前思考。

在实际使用四宫格法时，我们需要对四宫格的内容每周（或者其他固定周期）进行一次更新。四宫格法是我比较推荐的一种方法。

第五章

# D——计划执行与跟踪辅导

对一个企业来说，执行力是个永恒的话题；对大多数公司来说，执行力的重要性甚至超过了战略的重要性。华为有一句话，即“方向大致正确，组织充满活力”，这句话的意思是，只要战略保证方向性正确就可以了，执行力才是关键。这也是华为能如此快速发展，并取得令人瞩目成就的原因。

绩效管理（绩效赋能）同样如此，很多公司在做绩效管理（绩效赋能）时将大量的时间和精力放在设定指标和对结果的考核上，却对执行的过程“漠不关心”，这导致指标的完成效果不尽如人意。此时，很多公司又会反过来认为绩效指标的设定出了问题，会想尽各种办法把指标设定得更精确，这违背了绩效管理的本质。

在计划执行的过程中，及时跟踪辅导可以保证员工完成目标和提升员工能力。执行与跟踪辅导是相辅相成、不可分割的。

## 执行意愿

执行意愿是指员工执行计划的个人意志，在对绩效计划进行执行和跟踪辅导前，了解员工是否有执行意愿是非常关键的。在绩效赋能体系中，计划的执行必须建立在员工有意愿的基础上。

执行意愿分为内驱型和外驱型。内驱型是指在个人主观意志上有执行的动力，内驱型的人的自我管理能力往往比较强，从而其执行力比较强；外驱型是指需要进行外部刺激才会有执行的动力，外驱型的人的自我管理能力往往比较弱，但这并不代表他们的执行力弱——只要外部刺激合适，这些人的执行力也可以很强。

执行意愿可以通过以下方式得到加强。

## 塑造执行文化

一旦文化形成，进入该环境的人不管是自驱型的还是外驱型的，都会自动切换到文化要求的行为上。

执行文化可以通过公司的主文化来塑造，也可以通过绩效文化来塑造。

## 管理者的示范

在公司里，上级的示范作用往往有很大的影响力。因此，要想强调执行力，管理者首先要在执行上起到表率作用。

## 招聘具有内驱意愿的人

一个员工是有内驱意识还是外驱意识是可以在招聘过程中通过一定的方式辨别出来的。在招聘新人的时候，管理者若在这方面加强辨别，就可以从源头上打造有执行力的团队。

## 配套相应奖励、惩罚等机制

这种方式主要针对外驱型意愿的人，对相应的行为进行奖励、惩罚可以促使外驱型的人更好地执行计划。

# 检查跟进

检查跟进是对事情的进展情况进行跟踪，从而保证事情按照正确的方向前进。

从执行意愿来看，不管员工在执行意愿上是内驱型的还是外驱型的，检查跟进都是必要的。检查跟进不是信任与否的问题，而是必要的游戏规则。外驱型和内驱型检查跟进的区别在于，检查跟进的力度和精细程度是不同的。

检查跟进的方式分为两类：正式的检查跟进和非正式的检查跟进。

## 正式的检查跟进

正式的检查跟进方式包括以下三种。

### 定期书面报告

定期书面报告一般适用于短期跟进，比如日报或周报，因为在这个周期内完成的详细情况比较不容易被人们忘记。一般来说，书面报告形式侧重于一些细节记录以及对执行过程的反思，很多公司的日报或者周报就是这种形式。

## 定期会议

定期会议一般适用于中短期跟进，比如周或月。有些工作内容比较简单的岗位也可以举行日会，比如销售、生产等。定期会议侧重于对重要节点完成情况的说明以及一些共性或者需要配合的问题的讨论。

## 一对一正式面谈

一对一正式面谈一般适用于定期同员工进行思想沟通或者工作总结，频率一般为月度、季度或者半年度，一对一正式面谈也适用于个性化问题的临时沟通。一对一正式面谈是最容易被忽视也是最重要的检查跟进方式，一对一正式面谈配合后面的辅导反馈通常能够达到更好的效果。表5-1为一对一正式面谈表。

表5-1　一对一正式面谈表

反馈与建议（由考核人填写）

| 1．亮点、进步、表扬 |
|---|
| |

| 2．待加强、改善问题 |
|---|
| |

| 3.个人发展行动计划（由被考核人填写） | | |
|---|---|---|
| 发展目标 | 行动计划 | 时限或周期 |
| | | |
| | | |
| | | |
| | | |
| | | |

有效的检查跟进一般需要三种检查跟进方式配合进行，这需要管理者对三种检查跟进的周期和侧重点有系统的规划。

## 非正式的检查跟进

非正式的检查跟进一般包括非正式会议、闲聊、走动式交流、吃饭时交谈等。我们对非正式检查跟进的形式一般没有严格的要求，但是我们在检查跟进开始之前最好做一些内容上的准备。

正式的检查跟进一般比较严肃，容易给人一种紧张感。非正式的检查跟进一般比较随意，容易让人放松。在放松的情况下，个人真实和深层次的想法更容易表达。

管理者要善于同时运用正式和非正式的检查跟进，但是根据执行意愿的不同，其侧重点会略有不同。对于外驱型意愿的员工，管理者应该多运用正式的检查跟进（侧重于检查）；对于内驱型意愿的员工，管理者应该将更多的精力放在激发其潜力上，这时候非正式的检查跟进（侧重于跟进）更能达到理想的效果。

# 跟踪辅导

检查跟进更多关注的是事情或者任务是否完成。从长远来说，在完成事情或者任务的同时提升员工的工作效率和工作能力应该是更有价值的，这需要管理者在执行过程中进行及时的跟踪辅导。

## 跟踪辅导的作用

跟踪辅导的作用主要包括以下三点。

第一，解决下级在执行过程中遇到的问题。下级往往经验不足或者资源有限，导致有些问题无法解决；而上级有更多的经验或者能调动更多的资源，一旦下级在执行中遇到问题时，上级就可以利用自己的经验或者调动一些资源帮助下级解决问题。

第二，提升下级完成任务的效率。上级可以利用自己的经验或者资源提出更加有效的完成任务的方案，从而提高任务的完成效率。

第三，提升下级的能力。辅导反馈的过程也是提高员工能力的过程，尤其是管理者如果能够充分利用教练式辅导，就能在更大程度上提高员工的能力。

## 跟踪辅导的最佳方式：教练式辅导

教练技术最初出现在体育赛事上，由于能充分开发人的潜力，便逐步被引入管理中，并得到认可和推广。现在教练式管理已成为被广泛推崇的管理手段，教练式辅导就是用教练管理的手段进行辅导。

在教练式辅导中，教练一般不提供具体的解决方案，也不会直接去帮助被教练者解决问题，甚至教练自己也没有问题的答案。教练所做的是，从被教练者本身出发，通过与其沟通，纠正其思维偏差，让被教练者自己找到问题的解决方案。

教练辅导的思想同绩效赋能的内涵是一致的，因此我在绩效赋能体系中非常提倡教练式辅导。教练式辅导与常规辅导的区别如表5-2所示。

表5-2 教练式辅导与常规辅导的区别

| 区别 | 教练式辅导 | 常规辅导 |
| --- | --- | --- |
| 关注点 | 关注人，关注意识和思维方式 | 关注事 |
| 解决问题的方式 | 通过问题解决问题，注重预防而不是补救 | 直接解决问题，注重问题本身的解决 |
| 谈话风格 / 氛围 | 支持、平等 | 责备、紧张 |
| 上司对下属的信任 | 对潜在能力的信任 | 不信任 |
| 提问的特点 | 未来导向 | 过去导向 |
| 谁说的话多 | 下属（被指导的人） | 上司 |
| 谁去找答案 | 下属（被指导的人） | 上司 |
| 谁去行动 | 下属（被指导的人） | 上司 |
| 未来上下级的关系 | 融洽、信赖 | 紧张、疏远 |
| 下属的成长 / 发展 | 提高问题解决能力 | 慢慢成长 |

教练式辅导一般要经过四个步骤。

## 了解沟通对象的性格特点

如果了解了沟通对象的性格特点，我们就可以更好地站在对方的角度进行思考，从而快速与对方建立信任。

了解沟通对象性格特点的方式有很多种，常见的方式包括九型人格、大五模型、DISC个性测试、VAK技术等。其中，九型人格、大五模型、DISC个性测试都有专门的测试工具，这里简单介绍一下VAK技术。

VAK是指视觉（visual）、听觉（auditory）和触觉（kinesthetic）。VAK技术，即将人分为视觉型人、听觉型人和触觉型人，这三种类型人的特点如表5-3所示。

表5-3 VAK技术

| 类别 | 说明 | 关键点 |
|---|---|---|
| 视觉型人 | 通过视觉来处理信息 | 更愿意“看”或者“读” |
| 听觉型人 | 通过听觉来处理信息 | 更愿意“听” |
| 触觉型人 | 通过对事物的触摸或感觉来处理信息 | 更愿意“感受” |

大部分人都可以归属为这三种人中的一种。对于视觉型人，我们应该用文件展示的方式进行沟通，比如打印出来的文档、播放出来的PPT（演示文稿）等，他们一般不喜欢别人给他讲东西，而喜欢自己阅读；对于听觉型人，我们应该更多用说的方式进行交流，他们一般不喜欢别人抱着大堆文件给到他，而喜欢听别人跟他讲解或者聊天；对于触觉型人，我们最好将他们带到实物面前，或者举出实际案例，抑或给他们制造一个能感受到实物的意境，他们一般不喜欢空洞的文件或者讲解。

了解一个人的VAK类型有一些很简单的方式，比如：在日常工作中，如果其口头禅中常出现“看”（比如“你看这个问题怎么解决”“我看应该这么办”等）的字眼，那么这说明这个人是视觉型人；如果其口头禅中常出现“听”（比如“我想听听你的意见”“你先听一下我的观点”等）的字眼，那么这说明这个人是听觉型人；如果其口头禅中常出现“觉得或感觉”（比如“我觉得应该这么做”“你感觉怎么样”等）的字眼，那么这说明这个人是触觉型人。

## 了解问题或者事件的背景

了解问题或者事件的背景，也就是了解问题或者事件发生的环境、参与人、前因后果、具体内容等，从而使双方所掌握的基础信息对等。

## 厘清问题根本

在工作中，很多问题得不到有效或者彻底解决的最主要原因是，很多人容易就问题解决问题，而不是厘清问题的根本，并从根本来解决问题。

厘清问题的根本可以从以下两个维度来进行思考。

### 第一个维度是系统化维度

我们可以跳出问题本身从一个更高的角度来审视问题。任何一个问题都不是孤立存在的，要想有效或者彻底解决一个问题，我们需要同时解决掉一些其他关联的问题。同时，任何一个问题的解决都可能会对其他方面产生影响。充分考虑这些关键问题的解决方法虽然可能不是局部最优的方法，却往往是系统最优的方法。

### 第二个维度是问题本身的纬度

我们可以从问题本身出发寻找问题的根本原因，这需要我们对问题进行深度反思和分析。寻找问题根本的方法一般有5why分析法、照镜子法。

（1）5why分析法

5why分析法又称“5问法”，也就是对一个问题连续问5个“为什么”，以追究其根本原因。这里的5是概数，实际使用时不限定5次，有时可能只要3次，有时也许要10次。 5why分析法的关键在于，鼓励解决问题的人努力避开主观的假设和逻辑陷阱，从结果着手，沿着因果关系的链条顺藤摸瓜，直至找出问题的根本原因，也就是“打破砂锅问到底”。这种方法最初是由丰田佐吉提出的，作为丰田生产系统入门课程的组成部分，这种方法成为其问题求解培训的一项关键内容。丰田生产系统的设计师大野耐一曾经将5问法描述为：“……丰田科学方法的基础……重复问5次为什么，问题的本质及解决办法显而易见。”目前，该方法在丰田之外已经得到了广泛应用，并且在持续改善法、精益生产法以及六西格玛法中也得到了应用。

大野耐一曾举了一个用5why来找出停机真正原因的例子。

问题一：为什么机器停了？

答案一：因为机器超载，保险丝烧断了。

问题二：为什么机器会超载？

答案二：因为轴承的润滑不足。

问题三：为什么轴承会润滑不足？

答案三：因为润滑泵失灵了。

问题四：为什么润滑泵会失灵？

答案四：因为它的轮轴耗损了。

问题五：为什么润滑泵的轮轴会耗损？

答案五：因为杂质跑到里面去了。

经过连续5次不停地问“为什么”，他找到了问题的真正原因。

（2）照镜子法

照镜子法包括两种：一种是以问题本身为镜，通过跳出问题看问题的方式寻找根本原因；另一种是以其他类似的事件作为镜子或参照来寻找问题的根本原因，这个类似的事件可以是成功的，也可以是失败的。

## 引导被教练者解决问题

在教练式辅导中，问题的答案不是由辅导者给出的，而是由被辅导者自己找到的。辅导者的主要作用是，引导被辅导者自己找出解决问题的办法。

引导的方式有很多种，常用的有逻辑树法、换框法。下面将对这两种方法进行介绍。

**逻辑树法**

逻辑树法跟指标分解中提到的价值树分解法的操作过程基本相同，只是这里将价值树分解中的价值驱动因素改为问题的组成部分。我们需要将问题的根本原因分解至最小的组成单元，通过解决问题的最小单元来解决最终的问题。

**换框法**

在通常情况下，人们会通过一种已有的思维方式来看待事物，我们称这个看待事物的思维方式为框架，称改变框架的方法为换框法。我们运用换框法可以提示对方用另一种方式看待事物。换框法的应用一般有三种方式：意义换框法、同时获得法和场景换框法。

（1）意义换框法

意义换框法通常是找出一个意义中的相反意义，并从这个相反的方向进行思考。

例如：因为这个问题解决起来比较难，所以我不想做了。

换框：因为这个问题解决起来比较难，所以我要努力做下去。

- 每解决一个问题点，我都会有自豪感。
- 我可以将问题的解决过程分享给其他同事。
- 在问题解决之后，我可以一劳永逸地提高工作效率。

（2）同时获得法

同时获得法通常用在面对两难境地的情况。这时候人的思维方式一般是不知道如何选择，我们可以提醒对方：如果二者可以兼得，那么哪些方法可以实现呢？

例如：为了完成项目A，我只能放弃项目B。

换框：假如项目A和项目B二者可以兼得，那么哪些方法可以实现呢？

- 晚上和周末加班，我要用更多的时间来完成工作。
- 我可以侧重于项目A，在项目B上同他人一起完成。
- 快速完成项目A，从而有时间完成项目B。

（3）场景换框法

场景换框法，即换一种场景来解决问题，这种方式通常用于现有的方式无法适应想要的场景时。这时候我们可以提醒对方：如果换个场景，那么你现有的方式是不是也可以有效发挥作用？

例如：我不擅长说话，无法跟领导有效沟通。

换框：我不擅长说话，但我可以这样做来跟领导进行有效沟通。

- 想好要说的内容之后发邮件。
- 用PPT或思维导图。

## 跟踪辅导的灵魂：沟通

沟通是绩效赋能中最重要的动作，可以说没有沟通就没有绩效赋能。沟通不仅是为了达成一致，更是为了促进员工成长。沟通在整个绩效赋能的过程中无处不在，主要表现在绩效赋能中的三个环节，如图5–1所示。

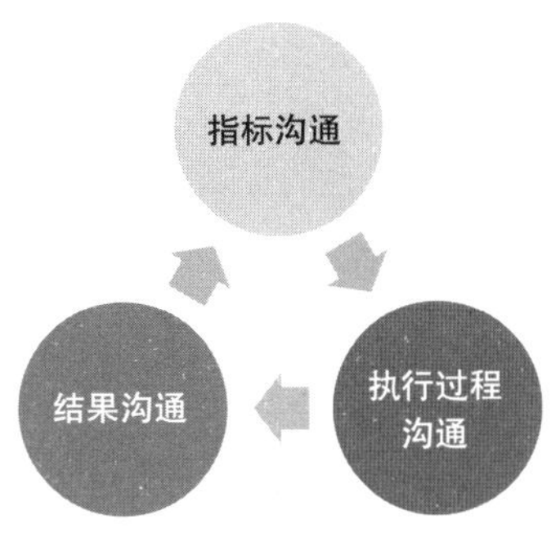


图5-1 绩效赋能中沟通的三个环节

指标沟通的目的是，确保上下级对指标和目标的认同；执行过程沟通的目的是，协助员工解决问题；结果沟通的目的是，保证员工对结果的认同，同时促使员工对结果进行反思。在绩效赋能中，无论你采取哪种沟通方式，为了保证沟通的有效性，我都建议你采用ALA绩效沟通方式，如图5-2所示。

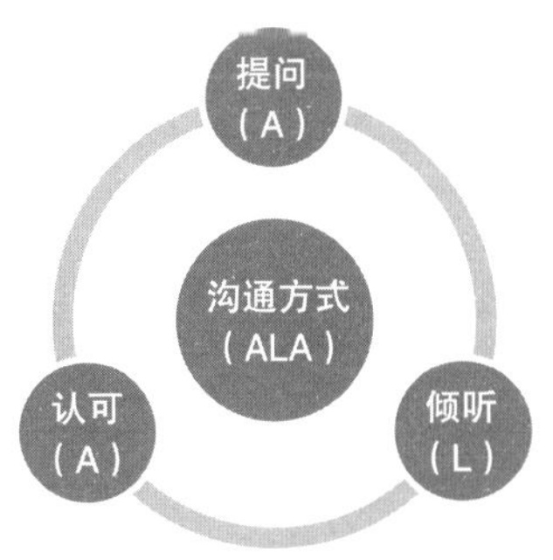


图5-2 ALA绩效沟通方式

## 提　问

提问是绩效辅导尤其是教练式辅导最重要的方式，但不是所有的提问都是好的提问，提问也分类别。粟津恭一郎的《学会提问：实践篇》（其他提问的书有尼尔·布朗的《学会提问》以及大岛祥誉的《学会提问：麦肯锡工作法》）将提问分为四个类别：轻松提问、劣质提问、沉重提问和优质提问。

轻松提问就是改善与对方关系的提问，这种提问通常会用来做开场。

劣质提问就是会导致提问者与被提问者关系恶化的提问，是令被提问者感到不快、悲伤、萎靡的提问，应尽量避免。

沉重提问就是被问者不愿回答但是答案可以令人有新发现的提问，这种提问会触及被问者比较为难的领域，所以在一般情况下，进行沉重提问的前提是，已经提前跟对方建立了良好的关系，并且需要找准恰当的时机。

优质提问是能引发思考的提问，可以为被提问者带来新的发现、新的启发或者找到解决问题的新方法，而且这种提问方式通常会得到被提问者的认可。

优质提问是辅导反馈非常提倡的提问方式，那么怎么才能做到优质提问呢？其实，有很多方式可以做到，这里我建议你要做到以下几点。

### 多用扩展型提问，少用指定型提问

扩展型提问就是问题能激发员工更多的发散性想象，而不是将问题固定在一个小的范围内。扩展型提问更能激发员工深入思考，而指定型提问只能促使员工做出判断。

举例来说："关于这个问题，你还有其他建议吗？"是扩展型提问，"你觉得这种方法可以吗？"是指定型提问。

### 多用未来型提问，少用过去型提问

未来型提问就是鼓励员工多从可能出现问题的角度思考问题；相反，过去型提问更多的是促使员工从问题本身的角度思考问题。未来型提问更能激发员工进行解决问题方向的思考，而过去型提问则更容易使我们陷入追究责任的误区。

举例来说："将来再发生类似的事情你会怎么处理？"是未来型提问，"你当时为什么那么做，而不这么做？"是过去型提问。

### 多用肯定型提问，少用否定型提问

肯定型提问，即在提问中多用肯定、鼓励的语句，这种提问方式能激发员工的正向思考；而否定型提问则相反，容易引发员工的自我否定，情况严重时还会打击员工的自信心。

举例来说："你这样做是不是更好？"是肯定型提问，而"你为什么不这么做？"是否定型提问。

当然，在实际应用中，并不是说只能用"扩展型""未来型""肯定型"提问，而不能用"指定型""过去型""否定型"提问，具体还要根据提问的环境和提问的目的来确定。

## 倾　听

一项心理学的调查结果显示，80%人际障碍来自沟通不畅。沟通中80%的问题是不善倾听导致的，可见倾听在沟通中的重要性。倾听看似容易，但实际上能真正做到有效倾听的人其实并不多。下列自测题可以测试你是否善于倾听，共7道题，每道题的得分标准为："一贯如此——5分，大部分情况下如此——4分，基本如此——3分，很少——2分，从未——1分。"

- 我是否允许对方把话说完，而不打断他？
- 我能否领会对方的隐含之意？
- 对话时，我能否抓住关键信息？
- 我是否会重复对方的话以保证我理解的正确性？

- 与对方意见不合时，我是否会避免带有敌意或过于激烈的言辞？
- 我能否全神贯注地倾听对方？
- 与他人对话时，我能否快速理解对方的话题，并快速对话题产生兴趣？

得分说明：30分以上，你是一位杰出的聆听者；26分～29分，你是一位优秀的聆听者；22～25分，你是一位优良的聆听者；18～21分：你在聆听技巧方面还有待提高；17分及以下：你急需聆听技巧训练。

以上得分分别对应的是倾听的几个层次：设身处地地听、专注地听、选择性地听、假装在听、听而不闻。这几个类别的倾听层次是逐级递减的，在实际工作中，大部分人最多能做到选择性地倾听，尤其是当对方有很多内容想要说的时候。但是，一个好的倾听者应该至少要做到“专注地听”，最好能做到“设身处地地听”。

那么，如何才能做到这两种倾听呢？我有两个建议以供参考。

### 沟通中的“二八原则”

在一个好的沟通中，上级通常需要80%的时间倾听，20%的时间自己说。联系到提问的动作，在上级“20%自己说”的时间里，需要上级“80%的时间在提问，20%的时间在回答问题”。

### 倾听过程中善于运用的几个关键技巧

支持：在倾听的过程中，不时地表示出支持对方继续说下去的动作或者行为，比如说“我了解，请继续”。

回应：在倾听的过程中，不时地对对方说的内容进行一些回应，比如，“你所说的是……”“你看起来好像很担心那件事？”。

复述：重复对方说的一些话，尤其是对方说的重点、关键内容，比如“我重复一下你所说的，看看我听到的是否正确？”。

理解：把对方说的内容用另外一种方式表达出来，比如“在我听来你要说的意思是……”。

总结：将对方说的内容做一个更清晰的总结，比如“你刚才说的意思主要包括以下几点……你看对吗？”。

积极倾听的主要作用就是，使对方感受到我们的尊重，愿意把更多的信息进行交流。同时，积极的沟通能够更深入地理解对方想要表达的意思，从而使双方的交流更深入。

## 认　可

认可，即对员工的工作结果或者工作行为表示认同或者关注。在现在的企业管理中，表达认可已成为一种必要的交流方式。在绩效赋能体系中，管理者在同员工沟通时更是如此。管理者在表达认可时需要考虑四个方面的内容：认可的内容、认可的方式、认可的场合和认可的频率。

### 认可的内容

认可的内容可以包括工作结果、工作行为两个方面。管理者对工作结果的认可可以让员工产生自豪感，并给员工带来自信心的提升。具体在表达认可时，我们需要根据不同的情况采用不同的方式。比如：在员工工作结果好的时候，我们可以表达对其工作结果的认可；在员工工作结果不好的时候，我们可以表达对其工作行为的认可。

### 认可的方式

认可的方式包括认同和关注两种：对好的结果和赞同的行为可以直接表达认同，对还没有产生结果且可能不赞同但感觉有效的方式可以表示关注。

### 认可的场合

认可的场合包括公开和非公开两种：公开的方式包括团队会议、当其他员工面、全体邮件、公开奖励等；非公开的方式包括一对一沟通、单独邮件、非正式的私人场合等。其中，公开的认可更能为员工带来自豪感和自信心。

另外，管理者在员工没有达到要求而批评员工的过程中，适当地穿插认可能让员工更愿意接受批评。

### 认可的频率

知识型员工的需求之一就是希望被认可，但是认可的频率过高会造成员工的无感，甚至对上级的权威产生影响，而认可的频率过低会对员工的自信心造成打击。因此，适当的认可需要管理者把控好节奏，在一般情况下，每月三四次的认可是比较合适的频率。

## 跟踪的一些其他技巧

这里介绍一些跟踪辅导的技巧作为以上内容的辅助性参考。

- 座位方向：双方以90度角坐下，保持一定的亲密感。我不建议双方面对面坐下，因为这样容易给对方造成压迫感。
- 功劳多用“你”（不建议用您，容易产生距离感），问题多用“我们”：在向员工说明功劳时，管理者要多用“你”，表明你看到了他（她）做出的贡献；在向员工说明问题时，管理者要多用“我们”，表明上级会和下级一起承担责任。
- 多强调具体行为，少用主观判断：尽量客观陈述事实以及自己的感受，而不是妄加评论，明确指其错在哪里和好在哪里。

- 三明治原则：在沟通时，先赞美员工，使双方有一个积极的开端，之后提出问题并给予建议，最后送上期许。
- 庆祝：定期为团队或者个人的一些进展举行庆祝活动。庆祝方式可以是集体鼓掌，也可是小的奖品、一起聚餐等。庆祝更容易形成团队氛围，也更容易提高员工的士气。这个动作尤其在OKR中提倡使用，因为OKR的目标难度比较大，庆祝可以更好地对员工进行鼓励。

第六章

# C——结果评估与结果分析

评估与分析主要包括两个过程：绩效结果评估与绩效结果分析。通常这两个过程会同时进行，即边进行结果评估边进行结果分析。

## 结果评估

结果评估要解决三个问题：谁来评？根据什么评？如何评？

### 谁来评

谁来评就是由谁来进行评估。一般来说，绩效结果的评估人有以下几类。

#### 直接上级评估

直接上级评估，即由员工的直接上级进行最终结果评估，这是一种单维度的评估方式。很多人担心单维度的评估结果不够公平，因为这相当于一个人的评估结果决定了最终评估结果。但实际上，这是我最推荐的评估方式，尤其是对基层员工（非管理人员）的评估，因为这种方式有以下几个优点。

第一，直接上级是对员工最了解的人，而且直接上级和下级拥有共同的工作目标，因此这种评估方式更有利于团队达成目标。

第二，这种评估方式可以增加或者培养上级主管的责任意识，提高上级主管的权威，保证上级在实际工作中的责权对等。

第三，这种评估方式更加便捷，在绩效评估于绩效管理中的作用逐渐减弱的趋势下，简单的评估方式可以降低管理成本。

第四，一个合格的上级通常应该有较强的管理能力，在一定的配套机制保障下，他应该会根据被评估人的实际情况进行打分，所以我们不需要担心这种评估的不公平性。

## 360度评估

360度评估是由被评估人的上级、平级、下级和外部客户（大部分岗位可能不需要）都参与的评估。360度评估是一种全维度的评估，通常不同类别的人在打分时所占的权重是不同的，上级的权重最高，下级的权重次之，平级和外部客户再次之（比如上级50%，所有下级合计30%，所有平级合计20%）。

360度评估看起来似乎是最公正的评估方式，因为这种评估方式将与被评估人工作相关的各方都考虑了进来。而在大多数公司的实际操作中，360度评估却是最不公平的方式，主要原因有以下几点。

### 降低了直接上级的权威

在360度评估中，直接上级的权重被降低：一方面，它从某种程度上降低了直接上级的决定权，当直接上级的权重被降低至50%以下的时候，直接上级对员工管理的权威将会受到质疑；另一方面，直接上级对员工的“责任”被降低，不利于直接上级管理能力的培养。

**对职能服务部门评估不利**

在实施360度评估的客户中，我通过分析发现，在大部分客户的评估结果中，人力资源部门、行政部门、财务部门等职能或服务部门的评估结果普遍不高。在分析并访谈了一些部门后，我发现造成这种情况的原因主要是，这些部门既是其他部门的“管理监督”部门，又是其他部门的服务部门，在实际打分的时候，这些部门的“管理监督”职能往往被放大，而其服务职能往往被忽略。

**打分结果不公平**

在实际操作中，很多打分人对被打分人的情况了解不够，所以很多人的打分是在完成任务，随意勾选、全部打满分的现象普遍存在，导致不管被打分人的实际工作情况怎样，最终的打分结果都差不多。

另外，为了实施360度评估，评估指标多是一些定性的非量化指标，这往往造成评估标准不明确，导致很多评估人会根据对被评估人的定性印象进行打分，也造成了评估结果的不公平。

**关系导向**

我发现很多公司360度评估得分比较高的人往往是人际关系处理得比较好的人，而一些工作踏实、不善言谈的人（尤其是技术、研发型人员）得分一般比较低，这容易造成360度评估的关系导向，从而造成对相当一部分优秀人员的不公平。

### 评估成本较大

在360度评估的情况下，要么是所有人都对其他人打分，要么是不同的人选择不同的评估人。不管哪种情况，其组织、结果汇总、结果分析的工作量都比较大。在越来越重视绩效管理过程、减轻绩效评估影响的趋势下，这种评估方式的成本较大。

但是，360度评估作为一种员工评价方式，其结果虽然可以不作为对员工评价的最终结果，却可以作为对员工评价的参考依据。

## 委员会评估

委员会评估，即由对员工工作比较熟悉的几个人组成一个评估委员会，由委员成员对该员工进行综合评估。委员会评估的关键是，委员会的成员应该是对员工的工作熟悉的人，而不仅仅是对员工熟悉的人。委员会评估跟360度评估方式的最大区别不是维度的减少，而是参与评估的人对员工工作熟悉程度的不同。

委员会评估方式一般适合部门负责人及以上级别人员考核，在这种情况下，委员会成员的意识和责任感都比较强（通常委员会是由更高级别的管理者组成的），评估结果会相对公正。

在委员会评估时，最终结果可以采用给不同人员划分权重的方式，也可以采用先各自打分、后集体评议的方式。

## 第三方评估

第三方评估就是聘请被评估人直接上下级之外的人员来对员工进行评估。这个第三方可以是公司内部的其他人，也可以是第三方机构。很多商场、超市、酒店采用的飞行检查、陌生人体验等就是外部第三方评估的一种。

第三方评估从某种程度上说是比较公正的评估方式，因为从理论上说，这种方式不掺杂任何个人因素，但绩效管理的本质不是追求绝对公正。第三方评估在某些场景下（如关注外部客户满意度的企业）是合适的，但是在大部分场景下由于成本太高、第三方不熟悉工作内容等并不适用。

## 根据什么评

如果前面的衡量标准制定得比较清晰，那么不管是定量指标还是定性指标，一般来说只要根据实际完成情况进行评估即可，此时的评估结果是比较清晰的。

结果评估一般以最终完成结果为准，并不考虑过程因素，但是在实际评估中，过程文化和佛性文化的公司通常认为过程是影响结果的重要因素，因此希望将过程因素也考虑在内，这时候我对评价方式的建议如下。

第一，将过程的衡量标准以半主观判断的方式给到评估人。半主观判定，即给出大概的判断标准即可，比如把过程分为卓越、优秀、一般（也可以有更多级别，不同公司可以根据自己的情况设定）。

第二，以实际完成结果计算出的得分为基准分，过程因素在基准分的基础上进行浮动。

第三，浮动的范围要有一定的限制。比如：在百分制情况下，其上下浮动不超过20%（卓越120%，优秀100%，一般80%）；在五分制情况下，其上下浮动可以加减0.5分（卓越加0.5，优秀不加分，一般减0.5）。对此不加限制会导致结果失去意义。

举例：某销售人员的季度销售目标是300万元，他实际完成了302万元，根据公司的五分制评价标准，他应该得到3分，而部门负责人在打分时考虑到这个员工刚来不到半年，其销售的302万元中大部分都来自他一家一家开拓的新客户，而且其中有一家客户是公司其他销售人员开发了很长时间也没有进展的，所以其过程评级为卓越，其该项指标的最终得分为3.5分。

## 如何评

评估的方式分为两种：一种是关门评估，即由评估人根据任务的实际完成情况进行独自评估，评估结束之后将结果告知被评估人，当前很多公司采用的就是关门评估；另一种是开门评估，即由被评估人进行述职，评估人根据其述职结果进行评估。两种方式各有一定的适用环境和优缺点。

### 关门评估

由于关门评估只需评估人对指标进行打分，所以关门评估比较简单，容易执行且节省精力。但是，关门评估往往是评估人直接将最终结果通知被评价人，被评估人没有参与评估过程会对一些结果产生争议。对于一些不愿意争辩的员工来说，关门评估可能会导致其内心不满，从而影响其长期工作；对于一些希望争取自己利益的员工来说，关门评估容易引发上下级矛盾。

关门评估一般适合完全数量化的绩效指标，以及下级必须完全服从上级的情况。在大部分情况下，我不建议采用关门评估的方式（即使是定量指标）。

### 开门评估

由于开门评估需要被评估人参与，所以开门评估的缺点是，评估过程较为烦琐，需要耗费评估人和被评估人较大的精力。但是，被评估人参与同样是开门评估的优点，评估人和被评估人可以更好地就实际工作过程及评估结果进行充分沟通、达成一致，从而使评估结果更公平。

开门评估是我比较提倡的一种方式。由于开门评估加入了沟通的元素，所以开门评估应符合绩效赋能的理念，开门评估适合任何情形。

开门评估又分为个人单独评估和集体评议两种方式。个人单独评估，即由评估人单独面对被评估人（评估人可以是一个人，也可以是多个人）。这种方式的优点是，有利于双方进行深入沟通。对基层员工的评估一般采用这种方式。集体评议指的是，所有被评估人一起面对评估人（评估人可以是一个人，也可以是多个人），每个人进行单独述职，在述职过程中，其他被评估人如果有问题或者补充，就可以提问或者说明，补充的内容可以作为评估的依据。这种方式的优点是，有利于被评估人之间相互了解。这种方式通常适合对管理人员进行评估，在进行集体评议的过程中甚至可以由其余的评估人参与评估，并占一定的权重（一般建议其他被评估人合在一起的权重不超过50%），这样可以提高这些人的参与感和责任意识。

在开门评估的情形下，我建议在评估之前首先由被评估人进行自评，之后双方选择一个安静的环境进行评估，评估的过程可以采用如下步骤。

第一步，考核人介绍评估的目的与评估方法。

在评估开始前，评估人应该向被评估人介绍评估的目的。评估的目的通常包括总结过去、评价阶段成绩以及为改进提出建议。在介绍完评估的目的之后，评估人应向被评估人介绍评估的方法与流程。

第二步，开始评估。

在介绍完评估的目的和方法之后，评估人开始评估。评估的基本流程如下。

- 被评估人述职：被评估人针对（但不限于）绩效指标的完成情况

以及绩效指标完成过程中遇到的问题或者个人感觉较好的方面进行述职。

- 被评估人说明自评结果：被评估人说明自己评估打分的依据。
- 评估人评分：评估人根据被评估人的述职情况、自评情况并结合其日常工作表现进行评分。在各指标的评估过程中，评估人应针对被评估人各指标的实际工作情况给予认可或批评，并讨论后续如何改进。

第三步，评估人整体总结。

在所有指标述职和评估结束后，评估人向被评估人提出本绩效周期内整体的优点与不足，对下一个周期提出期待和鼓励。

## 关于结果评估的一些补充

### 不过于追求结果的精确性（再次强调）

这里不是说不追求评估的准确性（准确的评估是公平的关键，也是获得员工认可的关键），但是过于追求准确性可能会导致在评估时为了很小的分值而将大量的精力和时间浪费在争论、论证和协调上，这也是当前越来越多的公司开始采用五分制的主要原因。

### 结果评估是要花费时间和精力的

在第一次进行绩效评估时，相当一部的管理者会抱怨说自己花了太多的时间在这上面，导致没有时间处理更重要的日常工作。对此我想说的是：第一，绩效管理是非常重要的管理工作，因此花费一定的时间和精力是必要的；第二，绩效评估往往在刚开始的时候由于管理者对流程不熟练，确实需要花费较多的时间和精力，但是在其熟练后，所花费的时间和精力会减少很多；第三，刚开始的时候，大多数人会把注意力放在完成绩效评估的动作上，并没有真正体会到绩效评估对工作的价值，等真正体会后，他们会发现，绩效评估的价值比想象的大得多。

## 以积极的心态来开展绩效评估

很多管理者对绩效评估的感觉是，找出员工犯过的错误，然后进行扣分，担心员工会对此进行对抗而无法收场，因此对结果评估存在抗拒心理。实际上，好的绩效评估也是一个教练的过程，评估人通过绩效评估可以发现员工需要提升的方面，从而为员工能力的提升提供帮助，也可以对员工发展好的方面进行表扬和肯定，为员工增加信心。

## 不要过于注重评估

我们从小到大被各种考试包围，每次考试结束后都会被给予一个精确的分值，这些分值哪怕出现1分（1%）甚至0.5分（0.5%）的误差，都会得到我们极大的关注。另外，在我们经历的所有考试中，达到满分几乎是不可能的，我们的关注点几乎都会集中在为什么被扣分上。

这种体制训练出来的思维方式也迁移到了绩效评估中，正因如此，很多公司的绩效管理成了绩效考核，员工对被扣分的项目表现出极大的关注。为了一点细微的差异，员工会表达（大多数时候是私下里表达或者隐藏在心里）极大的不满，最终造成一提到绩效管理，员工首先想到的就是“害怕”和“反对”。

## 关于自评分

在大部分公司的绩效评估表中都有“自评分”项，有些公司的员工自评分甚至还在最终结果中占一定的权重。这样做的目的有两个：第一，在正式评估之前，公司可以促使员工对自己的绩效完成情况有一个深度的自我思考；第二，自评的结果是评估人的参考，在意见分歧较大时可以作为双方深度探讨的依据。

但是，我们在很多公司的实际操作中发现，不管员工的自评分在最终结果中占不占权重，员工都偏向于给自己打高分（尤其是非数量化的定性指标），同时员工的打分结果会对评估人的打分结果起到一定的“导向”作用，甚至会产生严重的“误导”，因此很多管理者建议去掉自评分。

那么，到底该不该有自评分呢？

这实际上跟管理者的管理成熟度和员工的工作驱动因素（包括内驱和外驱）有很大关系。如果管理者的管理成熟度较高，那么公司在进行评估时基本不会受到员工自评分的影响。如果员工的自驱力较强，那么员工在进行自评时会更看重自评带来的自我反思，这时自评分的好处是大于其问题的。反之，我就建议不要有自评分。

## 关于OKR的评估

相对于以KPI为代表的传统绩效管理方式的评估，OKR的结果评估显得略有差别，主要表现在以下几个方面。

第一，得分结果不重要。在OKR中，得分结果只代表指标完成情况，结果的好坏不会跟绩效奖金等挂钩，得分结果相对被评估人来说没那么重要。因此，在OKR体系中，管理者基本不需要下一步的“应用与面谈”动作。

第二，不是得分越高越好。在OKR中，最终总得分在0.6～0.7是比较好的结果，得分过高说明你的目标设置不够有野心，得分过低说明你的努力不够。

第三，OKR的评估更注重过程。在OKR中，关键结果本身就是完成目标的过程，同时在对关键结果进行评估的时候，结果完成的百分比仅作为评估的重要参考，完成的过程才是评估结果主要依据。

# 结果分析

被评估人通过对结果的分析可以总结经验，提高未来的工作效率及个人能力。

## 结果分析的时机

对于结果进行分析的时机，我们可以有两个选择。

第一，在进行结果评估的同时进行分析，也叫事中分析。在这种情况下，评估人通常会在对每个指标打分前进行分析。这样做的优点有以下几点。

- 可以将分析的情况作为打分的依据。
- 可以将员工的注意力从得分转移到更有价值的分析上，这样评估结果更容易获得员工的认可。
- 节约时间和精力。

在进行结果评估的同时进行分析是我比较推荐的方式。

第二，在结果评估之后进行分析，也叫事后分析。这种方式分为在评估结束之后立即开始分析和在评估结束一段时间后召开分析会议两种形式。

事后分析的优点是，分析的内容更充分和深入，对后续工作更有指导意义。

采用事中分析还是事后分析要看具体的指标完成情况，我一般建议对完成结果与目标值相差不多的指标采用事中分析，对完成结果与目标值相差较多的指标采用事后分析。

## 结果分析的内容

结果分析的目的不是追究责任，因此结果分析不仅要关注员工做得不好的方面，还要关注其做得好的方面，通过总结好和不好两方面的经验为其后续发展提供借鉴。结果分析的内容一般包括以下几个方面。

- 表现好的方面及其原因。
- 表现不好的方面及其原因。
- 别的员工做好而该员工没有做好的方面及其可能的原因。
- 别的员工没有做好而该员工做好的方面及其可能的原因。

在必要情况下，我们还可以采用复盘的形式进行更加系统化和精细化的分析。

## 结果分析要达成的目标

结果分析要达成的目标分为短期目标和长期目标。短期目标是通过分析发现问题、解决问题。从长期目标角度来看，在发现短期问题、解决短期问题的同时，我们更需要进行深层次的分析，寻找问题的根源，通过对问题根源的解决避免更多问题。因此，从总体上说，结果分析要达成的目标包括以下四个。

- 发现问题，解决问题。
- 让发生过的问题不再发生，让好的做法成为习惯或者常态。
- 让与发生过的问题相类似的问题不再发生。
- 让发生过的问题可能延伸出来的问题不再发生。

第七章

# A——结果应用与反馈沟通

绩效结果的应用是传统绩效管理中员工最关注的动作，并且受传统绩效管理思想的影响，绩效赋能结果的应用依然很重要。

相对于结果应用，在结果应用方案出来之后，评估人同员工进行反馈沟通对绩效赋能体系来说更为关键。

## 结果应用

绩效评估的结果几乎可以应用在管理的各个方面，接下来我会介绍几个常用的应用。

### 员工分级

用绩效结果对员工进行分级是常用的方式，传统的分级方式将员工分为五个级别：A、B、C、D、E。在实际应用时，级别的数量可以根据实际情况进行调整。对结果进行分级主要有两种方式：强制分布与划分数线分级。

## 强制分布

强制分布，即对绩效结果按照得分高低进行排序，排序之后按照一定比例强制划分员工等级的方式。强制分布的背后实际上是赛马机制。

### 强制分布比例

强制分布的比例有两种分布方式：正态分布与幂次分布。

正态分布，即中间级别人数的占比最高，两边依次采取降低比例的方式，正态分布中A、B、C、D、E的比例一般为10%、20%、40%、20%、10%（可根据公司的实际情况进行调整），正态分布的背后是奖优罚劣的思想。

幂次分布相对于正态分布来说是一种只强制奖优不强制罚劣的思想，幂次分布一般只有A、B、C三个等级，分别按照10%、30%、60%从高等级到低等级人数越来越多的方式进行分布。幂次分布从一定程度上可以消除团队负责人不愿意为员工打较低等级的顾虑，也可以从一定程度上缓解较低等级给员工带来的心理压力（因为C等级的人数占比较多）。因此，幂次分布越来越受到公司的认同，也是绩效赋能体系推崇的一种结果应用方式。

两种分布方式可以应用于任何公司，但对于不同文化属性的公司来说，这两种方式在适用性上略有不同。

- 狼性文化的公司比较提倡优胜劣汰，因此正态分布较为合适。
- 对于佛性文化的公司来说，员工的和谐较为关键，因此幂次分布可能比较合适。
- 对于过程文化的公司来说，两种方式融合之后的方式可能更为合适。

比如，将绩效等级分为A、B、C、D四个等级（前三个等级强制分布，最后一个等级不强制分布），但是要制定一定的规则（比如在五分制情况下，得分低于2分的绩效结果为D，或者对公司造成重大损失的绩效结果为D），在必要的情况下可以将员工放入该等级并让其接受一定的惩罚。

在进行强制分布时，我一般不建议将整个公司放在一起进行强制分布，而是建议采用划分考核池的方式进行分布，因为所有人的打分人不可能是同一个人或团队，再加上相当一部分人的绩效指标是无法完全量化的。在这种情况下，将所有人放在一起强制分布会造成一定程度上的不公平。考核池的确定一般按照“一个上级的直接下级（不含间接下级）为一个考核池”的方式进行划分，不同公司在操作中可根据实际情况确定自己的方式。

### 团队结果与个人结果挂钩

任何一个人在工作中都属于某个团队，作为团队的一分子，团队的结果优先于个人的结果是每个人必须要有的意识。为了体现这种团队意识，公司在进行强制分布时通常会采用上级绩效结果影响下级绩效分布的方式，这种影响通常有两种表达方式。

方式一：以“个人绩效系数 × 团队绩效系数”为奖金系数。这种方式比较单一。

方式二：以团队的绩效结果影响下级的绩效等级来确定分配比例。也就是说，当团队绩效等级较高时，其可分配的高级别人数就越多，这种方式可以从最高级别（公司级别或者总经理级别）开始层层传递。

上下传递的方式影响的是员工的绩效等级，因此相对于上一种方式来说，其结果的应用范围更广，团队绩效结果对个人的影响范围更大。这是我比较推荐的一种方式。

表7-1和表7-2为上级结果影响下级绩效比例的样例。

表7-1　团队负责人绩效比例

| 等级 | A | B | C | D |
|---|---|---|---|---|
| 比例 | 15% | 55% | 30% | |

表7-2　对应的下属绩效比例

<table>
<tr><th rowspan="2">员工绩效等级</th><th colspan="4">部门绩效级别</th></tr>
<tr><th>A</th><th>B</th><th>C</th><th>D</th></tr>
<tr><td>A</td><td>25%</td><td>15%</td><td>10%</td><td>0%</td></tr>
<tr><td>B</td><td>60%</td><td>55%</td><td>50%</td><td>20%</td></tr>
<tr><td>C</td><td rowspan="2">15%</td><td rowspan="2">30%</td><td rowspan="2">40%</td><td>30%</td></tr>
<tr><td>D</td><td>50%</td></tr>
</table>

## 在强制分布情况下，一些实操中遇到的问题的解决方法

在采用强制分布时，我们必须解决几个在实际操作中一定会遇到的问题。

（1）用比例计算的人数通常不是整数的问题

这种情况一般可以采用四舍五入的方式，但是在采用“上级绩效等级影响下级绩效等级比例”时经常会出现的一种情况是，高绩效级别下属的人数分布和低绩效级别下属的人数分布一样，比如表7-1和表7-2的案例中，如果部门只有8个人，那么部门无论获得B级别还是获得C级别，按照四舍五入的方式计算下来A、B、C级别的人数比是1∶4∶3，这种情况下团队等级对下属的影响是不足的。

那么，如何解决这个问题呢？在实际操作中，我一般建议采用人为干预的方式来调整人数分布。这种方式的基本原则就是，保证高绩效级别团队中的高绩效员工人数高于低绩效级别团队的员工人数。这种方式可能会导致结果在一定程度上偏离参照的分布比例，但能更好地达到上

下联动的根本目的。

（2）人数比较少的团队人数分配问题

很多公司都会有三四个人甚至一两个人设置一个团队负责人的情况，在这种情况下，强制分布的比例就“失效”了。那么，这种情况该如何解决呢？以下几种操作方法可以作为参考。

方法一：采用上一个问题的解决方式，就是以比例为参考采用人为干预的方式来调整人数分布。以表7-1和表7-2样例中的比例为例，结合不同人数团队的层级分布表如表7-3至表7-6所示。

表7-3 团队结果为A时的不同人数团队的层级分布表

| 员工数量 | 团队考核结果为A | | | |
|---|---|---|---|---|
| | A | B | C | D |
| 2 | 1 | 1 | 0 | |
| 3 | 1 | 2 | 0 | |
| 4 | 1 | 2 | 1 | |
| 5 | 1 | 3 | 1 | |
| 6 | 2 | 3 | 1 | |
| 7 | 2 | 4 | 1 | |
| 8 | 2 | 5 | 1 | |
| 9 | 2 | 5 | 2 | |
| 10 | 3 | 5 | 2 | |
| （10+$x$）人 | 按照10人的各级分布数+$x$人的各级分布数 | | | |

表7-4 团队考核结果为B时的不同人数团队的层级分布表

<table>
<tr><th rowspan="2">员工数量</th><th colspan="4">团队考核结果为B</th></tr>
<tr><th>A</th><th>B</th><th>C</th><th>D</th></tr>
<tr><td>2</td><td>0</td><td>1</td><td colspan="2">1</td></tr>
<tr><td>3</td><td>0</td><td>2</td><td colspan="2">1</td></tr>
<tr><td>4</td><td>1</td><td>2</td><td colspan="2">1</td></tr>
<tr><td>5</td><td>1</td><td>2</td><td colspan="2">2</td></tr>
<tr><td>6</td><td>1</td><td>3</td><td colspan="2">2</td></tr>
<tr><td>7</td><td>1</td><td>4</td><td colspan="2">2</td></tr>
<tr><td>8</td><td>1</td><td>5</td><td colspan="2">2</td></tr>
<tr><td>9</td><td>1</td><td>5</td><td colspan="2">3</td></tr>
<tr><td>10</td><td>2</td><td>5</td><td colspan="2">3</td></tr>
<tr><td>（10+$x$）人</td><td colspan="4">按照10人的各级分布数+$x$人的各级分布数</td></tr>
</table>

表7-5 团队考核结果为C时的不同人数团队的层级分布表

<table>
<tr><th rowspan="2">员工数量</th><th colspan="4">团队考核结果为C</th></tr>
<tr><th>A</th><th>B</th><th>C</th><th>D</th></tr>
<tr><td>2</td><td>0</td><td>1</td><td colspan="2">1</td></tr>
<tr><td>3</td><td>0</td><td>2</td><td colspan="2">1</td></tr>
<tr><td>4</td><td>0</td><td>2</td><td colspan="2">2</td></tr>
<tr><td>5</td><td>0</td><td>3</td><td colspan="2">2</td></tr>
<tr><td>6</td><td>1</td><td>3</td><td colspan="2">2</td></tr>
<tr><td>7</td><td>1</td><td>3</td><td colspan="2">3</td></tr>
<tr><td>8</td><td>1</td><td>4</td><td colspan="2">3</td></tr>
<tr><td>9</td><td>1</td><td>4</td><td colspan="2">4</td></tr>
<tr><td>10</td><td>1</td><td>5</td><td colspan="2">4</td></tr>
<tr><td>（10+$x$）人</td><td colspan="4">按照10人的各级分布数+$x$人的各级分布数</td></tr>
</table>

表7-6 团队考核结果为D时的不同人数团队的层级分布表

| 员工数量 | 团队考核结果为D | | | |
|---|---|---|---|---|
| | A | B | C | D |
| 2 | 0 | 0 | 1 | 1 |
| 3 | 0 | 1 | 1 | 1 |
| 4 | 0 | 1 | 1 | 2 |
| 5 | 0 | 1 | 2 | 2 |
| 6 | 0 | 1 | 2 | 3 |
| 7 | 0 | 1 | 2 | 4 |
| 8 | 0 | 2 | 2 | 4 |
| 9 | 0 | 2 | 3 | 4 |
| 10 | 0 | 2 | 3 | 5 |
| （10+$x$）人 | 按照10人的各级分布数+$x$人的各级分布数 | | | |

方法二：小团队重新组合。也就是说，将小团队同其他团队合在一起进行强制分布。比如，华为规定，在进行强制分布时，团队人数必须大于10人，当小于10人时，该团队需要跟其他团队进行合并。这种方式会在一定程度上避免了小团队的尴尬，但同样会出现的问题是，不同考核人的考核尺度会不统一，从而对某一个团队造成伤害。因此，这种方式一般适合团队负责人的管理能力比较强的情况，在实际确定员工等级时，两个团队负责人需要进行协商，当出现异议时，上级需要出面协调。

方法三：将全年或者几个考核周期合在一起的人数进行强制分布。比如，一个部门有4人，公司的绩效周期是季度，那么一年便有16人，强制的人数分布就可以按照16人进行确定。确定之后，每个季度不同绩效等级的人数可由团队负责人自行把握。但是，这种方式不太适合“通过上级的绩效结果影响下级的绩效等级分配比例”的情况。

（3）不同工作内容的员工放在一起进行强制分布是否合理的问题

这是在进行强制分布时一些管理者和员工经常会问到的一个问题，从道理上讲，在员工的工作内容都相同的情况下进行强制分布更合理，因为不同的工作内容不具有可比性。但实际上，强制分布采用的是最终得分排序的方式，而不是用工作内容直接对比的方式。在进行绩效指标设定时，绩效指标的得分难易程度基本上是一致的（比如跳一跳才能够得着），在这种情况下得出来的分值相对来说是有可比性的（当然我们不能追求绝对的可比性）。

（4）有些员工永远是高绩效等级问题

在进行强制分布时，我们经常遇到的一个问题是，有些员工表现比较好，一直获得高等级，从而导致其他人无法达到高等级，这对其他人来说是不是不公平？

很多管理者说，有些员工能力比较强，完成工作的结果也比较好——一直是A（这些公司的绩效结果采用强制分布的方式，A代表优秀，得分排名靠前的几个员工才可以得到），从而导致其他员工永远无法得到A，这就限制了其他员工的发展。那么，这个问题怎么解决？

这个问题的解决需要从两个方面来看：一方面，公司需要搭建职位通道体系，对于能力比较强、工作结果比较好的员工应该晋升至高级别职位（比如从初级晋升为高级，或者从P2晋升至P3），从而给予其更好的激励，让其承担更大的职责和更复杂的工作，这时候绩效指标的难度要增加；另一个方面，如果这个人确实是在同类岗位上表现比较优秀的员工，公司就应该给他A级别，这是无可厚非的，其他员工需要自己想办法提高能力来获得更好的评价。

（5）下属的绩效等级趋同更容易带来团队和谐，为什么非要进行强制分布

这个问题也是很多管理者不理解的问题，他们认为，强制分布在故

意制造内部矛盾。

其实，我们对这个问题应该这样思考：最理想的状态应该是，所有人都做到最优，但是这样的团队往往凤毛麟角，即使是在华为、阿里巴巴、谷歌这样的领先公司也是如此。现实中，大多数团队中的人员对团队的贡献是有差别的。如果公司不对员工进行区分管理，那么长期内部平均很容易造成员工的“疲劳”和“不思进取”。有一句话叫“没有区分就没有管理”，说的就是这个道理。

## 划分数线分级

划分数线分级是指划定一个标准，达到这个标准的员工就被确定为该等级，比如4.5分以上为A级，3.5～4.5分为B级，3.0～3.5分为C级，2.5～3.0分为D级，2.5分以下为E级（以上均仅含最低值，不含最高值）。划分数线方式的优点是，员工自己可以对分数线进行对比，各绩效等级的人数不受限制，这些对员工来说更容易接受。

但在实际操作中，我发现，很多采用划分数线分级方式的公司取得的实际效果并不好。这些公司最终都会出现的一个趋势是，越来越多的人开始获得高绩效等级（我不反对这种情况，但要对此引起重视），这是因为在实际绩效评估时，有一部分指标的打分需要主观判断。对于打分人来说，全部打为较高分值或者较高等级更容易向员工交代。从表面上看，这似乎更容易维护内部团结，但实际上会造成“奖劣罚优”的问题，长时间会造成优秀员工的流失。

那么，划分数线分级方式适合什么样的公司呢？一般情况下，我建议以下几种情况可以采用划分数线分级的方式。

第一，绩效指标可以全部数量化。在这种情况下，如果绩效指标和目标值合理，绩效评估的结果就是绝对公平的。

第二，员工的自我管理能力和管理者的管理能力比较强的公司。在这种情况下，员工和管理者不存在“私心”，一群志同道合的人在做一件有意义的事情，这时候员工更多关注的是公司的发展和个人的成长。

第三，绩效结果不跟奖金等利益挂钩的情况。OKR就属于这种情况，如果没有利益纠葛，员工就更容易把注意力放在“事”上，而不是相互对比上。

### 结果分级的必要性

从道理上说，结果分级并不是必要的动作。但是，从管理和实用的角度来看，我一般建议公司将结果进行分级，原因有以下几点。

第一，从管理的角度来看，人们很多时候无法做到精确，指标的目标值设置同样如此，即使是数量化的指标，比如销售额，无论进行多么精确的论证，我们给出的目标值仍然是预计值。在这种情况下，追求精确的打分结果是无意义的，而分级可以将这种精确的需求模糊化。

第二，采用划分数线分级的方式，其绩效结果的应用范围更广，可以用在人才盘点、调薪、人员晋升等各个方面。

## 绩效工资发放

用绩效结果来发放绩效工资是最常见的绩效结果应用方式，这里的绩效工资有两类：一类是月度或季度发放的短期绩效工资，另一类是年度发放的中长期绩效奖金。绩效工资的计算公式一般为：实际发放绩效工资=绩效工资基数 × 绩效系数。其中，短期绩效和中长期绩效的绩效系数的确定方式略有不同。

月度或季度的短期绩效系数的确定通常有以下两种方式。

第一，绩效系数=实际评估得分 ÷ 基准分值，基准分值可以是最高分（比如百分制中的100分），也可以是低于最高分的某一个分值（比如五分制中的3分）。一般我不建议直接用最高分，因为如果用最高分，这就意味着几乎所有人的绩效系数都是小于1的。这是一种纯负向激励，容易扼杀员工的工作激情。

第二，绩效系数根据绩效等级确定。在这种情况下，绩效系数的大小可以根据公司的激励力度来确定。在正态分布的情况下，高绩效等级的绩效系数大于1，低绩效等级的绩效系数小于1，以此体现奖优罚劣的思想。在幂次分布的情况下，最小的绩效系数一般不小于1，以体现奖优的思想。

中长期的年度绩效系数的确定一般包括以下三种方式。

第一，在短期绩效指标之外，我们可以确定年度绩效指标，进行年度绩效评估，根据评估结果确定年度绩效系数。这种方式在逻辑上较为合理，但是由于要多进行一次年度评估且操作过程较为复杂，而且当前的外部环境变化较快，年初确定的绩效指标可能在年终时发现已经不适用了，从而容易导致年度评估的结果失去其应有的价值，所以这种方式一般适合发展比较稳定的公司。

第二，将短期绩效系数的平均值作为年度绩效系数。这种方式简单易行，但是由于其以平均值为结果，所以其几乎所有的年度绩效系数都达不到短期绩效系数的最大值，而且员工之间的年度绩效系数差距会比较小，这在一定程度上降低了年度绩效的激励力度。

第三，将短期绩效结果赋予分值。管理者在年度末按照累计分值的高低进行排序之后重新确定年度绩效等级的分布比例，并重新赋予年度绩效系数，这种年度绩效系数的确定方式比较灵活。但是，在短期的绩效考核频率过少的时候，大部分员工的分值会比较接近甚至一致，从而出现无法区分的情况。

实际使用时，我们可根据公司的实际情况灵活选择，或者在这几种方式的基础上做一些融合变通。

## 薪酬调整

薪酬调整是另一个比较重要的绩效结果应用领域。从宽带薪酬的角度来看，薪酬调整分为职级调整带来的纵向调薪和同一职级内部的横向调薪。纵向调薪一般包括岗位调整带来的调薪和职位通道晋升带来的调薪，而同一职级内部的横向调薪依据就是绩效结果。

在进行薪酬调整时，我们要解决三个关键问题：何时调？怎么调？调多少？绩效调薪同样如此。

### 调薪时间

绩效调薪的频率一般为一年一次，有条件的公司也可以一年两次。如果公司一年调整一次的话，那么我建议把调薪的时间放在次年的4月份左右。因为这是社保基数年度调整的时间点，在社保调整之后，调薪可以充分考虑社保基础调整对薪酬带来的影响。如果公司一年薪酬调整两次，那么我建议另一次薪酬调整的时间放在8月份左右。因为这是公积金基数年度调整的时间点，公司在调薪时可以充分考虑公积金基数调整带来的影响。

### 调薪方法

在具体的调薪方法上，不同的宽带薪酬表现形式对应的调薪方法也不同，以表7-7中的宽带薪酬等级表（不同公司的宽带薪酬表的表现形式可能不同，但本质是一样的）为例。纵向代表职位等级，横向代表在同一等级内部划分的薪档，在实际运用这张薪酬等级表时，有些公司会将员工的薪酬全部对应到薪档上，薪酬的调整也会按照薪档的数值进行；

而有些公司只是将薪档作为参考或者新入职员工的薪酬确定依据，大部分员工的薪酬不对应到薪档上。下面将有薪档和无薪档作为薪酬的不同表现形式来说明绩效调薪的方法（需要特别说明的是，这里介绍的方法仅是常用方法中的部分），我们还可以从这些方法中变通出更多不同的方法。

表7-7 某公司的宽带薪酬等级表

| 薪等 | 薪档 | | | | | | |
|---|---|---|---|---|---|---|---|
| | 1 | 2 | 3 | 4 | 5 | 6 | 7 |
| 7 | 7 266 | 7 993 | 8 719 | 9 446 | 10 173 | 10 899 | 11 626 |
| 6 | 6 046 | 6 549 | 7 053 | 7 557 | 8 061 | 8 565 | 9 068 |
| 5 | 4 723 | 5 117 | 5 510 | 5 904 | 6 298 | 6 691 | 7 085 |
| 4 | 3 874 | 4 132 | 4 391 | 4 649 | 4 907 | 5 166 | 5 424 |
| 3 | 3 051 | 3 254 | 3 458 | 3 661 | 3 864 | 4 068 | 4 271 |
| 2 | 2 403 | 2 563 | 2 723 | 2 883 | 3 043 | 3 203 | 3 364 |
| 1 | 1 892 | 2 018 | 2 144 | 2 270 | 2 396 | 2 522 | 2 648 |

## 有薪档情况下的调薪方法

有薪档情况下的调薪方法主要有两种：绩效等级直接调薪和积分制调薪。

（1）绩效等级直接调薪

绩效等级直接调薪是指根据最终的绩效等级直接确定薪酬调整的幅度，这种调薪方式通常需要年度绩效等级（在绩效周期为月度或者季度的情况下，公司需要根据月度或者季度的绩效结果确定年度绩效等级）。表7-8是很多公司使用的绩效调薪标准样例。

表7-8　绩效等级调薪标准样例

| 绩效等级 | 调薪幅度 |
| --- | --- |
| A | 上调两个档级 |
| B | 上调一个档级 |
| C | 不调整 |
| D | 降低一档 |

（2）积分制调薪

积分制调薪是指将员工的绩效表现以分值的形式体现，达到一定分值之后再进行薪酬调整的方式。在实际使用积分制调薪时，积分一般采用的是累积的方式，在扣除一定分值后，剩余的分值仍然可以累积使用。表7-9是绩效周期为季度的积分制调薪样例。

表7-9　绩效周期为季度的积分制调薪样例

| 绩效等级 | A | B | C | D |
| --- | --- | --- | --- | --- |
| 积分 | 2 | 1 | 0.5 | 0 |
| 积分应用说明 | 薪酬晋升：<br>■ 每年4月份根据积分结果晋档，每7分晋升一个档级<br>■ 晋升以后减掉7分，剩余积分可继续累积<br>■ 积分可累积 | | | |

积分制绩效调薪的特点有如下几点。

- 可以不受绩效周期的影响，不管是月度、季度、半年度还是年度，都可以使用积分制。
- 不仅承认功劳，而且在一定程度上承认苦劳。
- 可以跟其他条件同时使用，比如有些公司对给公司做出重大贡献的员工、获得年度优秀员工称号的员工也赋予一定的积分，这些积分同绩效积分一样可以累积到一定分值之后调薪。

- 积分可以用在调薪之外的其他方面，比如根据绩效积分发放福利、评选先进和优先晋级等。
- 不受员工入职时间的限制。绩效等级直接调薪的方式会受制于员工的入职时间，而积分制调薪则不受此限制。

积分制调薪是我比较推荐的一种调薪方式。在采用这种方式调薪时，我们需要注意以下几个关键事项。

- 建议调薪的时间固定（比如每年4月），而不是员工达到积分之后就可以调整，这样可以提高管理的效率。
- 如果绩效积分跟其他获得积分的方式同时使用，那么我建议将绩效积分作为核心积分来源，否则会让其他方式喧宾夺主。
- 可以使用负积分，比如有些公司将D级别的分值设置为-2分。

### 无薪档情况下的调薪方法

无薪档情况下的调薪方法主要有三种：积分制调薪、一维矩阵调薪和二维矩阵调薪。在无薪档调薪前，我们一般需要确定公司可以承受的总体调薪幅度（以下的案例均以总人工成本的10%为例）。

（1）积分制调薪

在无薪档的情况下，我们可以采用以下两种方式。

- 达到一定的积分后调整一定的比例（额度），这个比例可以根据当年的总预算以及可以调薪的人数进行调整。
- 每一个积分调整一定比例（额度），我建议在使用这种方式时规定一个积分调整的底线，比如年度积分达到5分以上的可以调整，避免积分过低的人调整的额度太小，从而起不到激励作用。

（2）一维矩阵调薪

一维矩阵调薪跟上面的绩效等级直接调薪方式类似，只是受预算限制，实际操作略微复杂，一维矩阵调薪的操作步骤如下。

第一步，确定各绩效等级员工的薪酬总成本及其占比。

第二步，确定不同绩效等级员工薪酬增长的相对权重。

第三步，计算加权权重与调整系数。

第四步，计算不同绩效等级员工的薪酬增长率。

一维矩阵调薪的第一步与第二步如表7–10所示。

表7–10　一维矩阵调薪的第一步与第二步

| 绩效等级 | 人数 | 薪资总额 | 所占总额百分比 | 增长系数 | 加权增长 |
|---|---|---|---|---|---|
| 优秀 | 12 | 1 000 000元 | 33.30% | 1.5 | 0.500 |
| 较好 | 30 | 1 500 000元 | 50.00% | 1.0 | 0.500 |
| 普通 | 25 | 450 000元 | 15.00% | 0.5 | 0.075 |
| 较差 | 3 | 50 000元 | 1.70% | 0.0 | 0.000 |
| 总和 | | 3 000 000元 | | | 1.075 |

这里的增长系数反映了各个绩效等级之间的调薪差距，我们可以根据公司的实际情况进行确定。确定的基本原则是，绩效等级越高，其增长系数越大。

第三步，设定调整系数$x$（也就是每一调薪单位的调整额度），则$1.075x=10\%$，从而计算出$x=9.31\%$。

第四步，每个绩效等级的实际调薪比例=增长系数×9.31%，一维矩阵调薪实际调薪比例计算结果如表7–11所示。

表7-11 一维矩阵调薪实际调薪比例计算结果

| 绩效等级 | 人数 | 所占总额百分比 | 增长系数 | 调整系数 | 实际增长 |
|---|---|---|---|---|---|
| 优秀 | 12 | 33.30% | 1.50 | 9.31% | 13.96% |
| 较好 | 30 | 50.00% | 1.00 | 9.31% | 9.31% |
| 普通 | 25 | 15.00% | 0.50 | 9.31% | 4.65% |
| 较差 | 3 | 1.70% | 0.00 | 9.31% | 0.00% |

（3）二维矩阵调薪

二维调薪矩阵与一维调薪矩阵的基本逻辑类似，只是二维调薪矩阵增加了一个考察维度，使最终的调整结果更加合理，但是其计算过程也更加复杂。我们以增加一个薪酬等级（也可以是能力等级或者职位通道的职级）的衡量维度为例进行说明。

第一步，确定不同绩效等级与不同薪酬位置的员工薪资总成本占比，如表7 12所示。

表7-12 不同绩效等级与不同薪酬位置的员工薪资总成本占比样例

| 成本占比 | 薪酬范围指数 | | | |
|---|---|---|---|---|
| 绩效等级 | 25%以内 | 25%～50% | 50%～75% | 75%～100% |
| 优秀 | 6.0% | 10.5% | 10.5% | 3.0% |
| 较好 | 17.5% | 17.5% | 10.0% | 5.0% |
| 普通 | 6.8% | 5.1% | 3.4% | 1.7% |
| 较差 | 2.4% | 0.6% | 0.0% | 0.0% |
| 总和 | | | | 1.0 |

这里的薪酬范围指数是，先将整个公司所有人的薪酬投从低到高排序，再计算该范围内员工的薪酬之和与总薪酬之比。

第二步，设定不同绩效等级与不同薪酬位置的员工薪资调整标准系数，如表7-13所示。

表7-13 不同绩效等级与不同薪酬位置的员工薪资调整标准系数样例

| 增长系数 | 薪酬范围指数 | | | |
|---|---|---|---|---|
| 绩效等级 | 25%以内 | 25%~50% | 50%~75% | 75%~100% |
| 优秀 | 2.5 | 2.0 | 1.8 | 1.5 |
| 较好 | 2.0 | 1.6 | 1.4 | 1.0 |
| 普通 | 1.2 | 1.0 | 0.8 | 0.5 |
| 较差 | 0.0 | 0.0 | 0.0 | 0.0 |

这里增长系数的含义同一维矩阵调薪相同，确定的基本原则是绩效等级越高，其增长系数越大，薪酬水平越高，其调整系数越小。

第三步，计算加权权重与调整系数，从而得出不同绩效等级与不同薪酬位置的员工薪资调整的实际系数，如表7-14所示。

表7-14 不同绩效等级与不同薪酬位置的员工薪资调整的实际系数样例

| 权重 | 范围指数 | | | |
|---|---|---|---|---|
| 绩效等级 | 25%以内 | 25%~50% | 50%~75% | 75%~100% |
| 优秀 | 12.50% | 22.40% | 17.10% | 6.00% |
| 较好 | 35.00% | 28.00% | 13.58% | 5.10% |
| 普通 | 5.52% | 5.10% | 3.76% | 1.55% |
| 较差 | 0.00% | 0.00% | 0.00% | 0.00% |
| 总和 | | | | 1.56 |

表7-14中数值的计算方法是，先将前两个表格中的对应数据相乘，再计算总和，即1.56。

之后同一维矩阵调薪方法一样，设定每单位系数的调整幅度为$x$，则$1.56x=10\%$，从而计算出每单位系数的调整幅度$x=6.43\%$。

第四步，计算不同绩效等级与不同薪酬位置的员工实际薪酬的增长率。

将第一步中的数字同6.43%相乘，得出如表7-15所示数据，这些数据就是二维矩阵下不同类别员工的调薪比例。

表7-15　不同绩效等级与不同薪酬位置的员工薪资实际调薪比例样例

| 实际增长 | 范围指数 | | | |
|---|---|---|---|---|
| 绩效等级 | 25%以内 | 25%～50% | 50%～75% | 75%～100% |
| 优秀 | 16.1% | 12.9% | 11.6% | 9.6% |
| 较好 | 12.9% | 10.3% | 9.0% | 6.4% |
| 普通 | 7.7% | 6.4% | 5.1% | 3.2% |
| 较差 | 0.0% | 0.0% | 0.0% | 0.0% |

## 调薪幅度

我们知道，绩效调薪的目的是激励绩效表现好的员工。如果薪水调整得过少，薪水就无法匹配员工的努力，可能会导致优秀员工离职。但是，薪水调整得过多也会对公司的成本造成压力。因此，适当的调整幅度是公司在调薪时必须考虑的问题。

心理调查显示，5%左右的调薪是优秀员工可以接受的调薪幅度底线，而超过15%（韦伯法则）则是一个能起到较大激励作用的调薪幅度——员工跳槽的心里预期一般是20%以上的薪酬增加。因此，我一般建议员工单次调薪的幅度（不是所有的员工每年都要调薪）不要低于5%，而对于优秀的员工最好能够调整超过15%的幅度，对于个别特别优秀的员工可以调整20%以上。如果公司的调薪总预算比较低，那么我建议公司可以通过减少调薪人数的方式将调薪的空间用在优秀员工身上。

这里我一直在说调薪的比例，而很少提到调薪的绝对值，那么我们在实际调薪中用绝对值好还是用比例好？我的建议是，基层的操作型员工可以用绝对值，而知识型员工和高级别的员工最好用比例的方式。因为调查显示，知识型员工和高级别的员工在比较差异时，通常关注的不是绝对差距，而是差距与原始数据本身的比率。

## 关于绩效调薪的其他补充

在绩效调薪的实际操作中，我们还会遇到许多问题，这里有以下几个建议或者解决方案可供参考。

### 建议公司制定明确的调薪规则，主动调薪而不是被动调薪

我在咨询中发现，很多公司没有明确的调薪规则，员工不知道公司什么时候会调薪，也不知道公司调薪的依据是什么，这造成很多员工认为公司没有调薪机制或者只有自己申请才能调薪，从而导致很多员工认为“会哭的孩子有奶吃”。由于很多优秀员工在这方面往往比较“内向”，久而久之优秀员工便会离职。

公司建立明确的调薪规则，定期主动为员工调薪，既可以为员工指明努力的方向，又可以将员工的注意力放在如何努力工作上，而不是讨好领导或者想尽办法获得调薪机会的精力浪费上。

### 员工到了该级别的薪酬最高值是否还要调薪

在宽带薪酬体系中，每个岗位都有其薪酬的最高值。如果员工的薪酬已经到了最高值，那么我们是否还要对其进行调薪呢？

在宽带薪酬的理论中，员工的薪酬范围代表的是员工当前的工作为公司创造的价值范围。如果员工创造的价值已经到了最高值，那么这说明公司已经为该工作付出了其可付出的最高成本，到了最高值一般就不再调薪了。

那么，这么做是否会导致员工不再努力工作了呢？对于这个问题，我们不能单从调薪这个维度来看，而应该将其放在整个管理体系中，员工的绩效结果除了可以影响调薪之外，还会影响员工的绩效工资、优秀员工评选以及岗位调整与职位通道晋升。因此，从员工的角度来说，即使薪酬不能调整，我们也需要努力创造更好的绩效。

另外，从实际操作的角度来看，如果公司的成本允许或者员工的能力确实优秀，那么公司可以将员工的薪酬调整至最高值之外。这在薪酬体系的角度叫"薪酬红点"（相反低于最低值的叫"薪酬绿点"），也就是员工的工资高于应该给予其的最高值。在一个公司中，适当的薪酬红点是允许存在的。

最后，从薪酬等级表的角度来看，如果有相当一部分员工的薪酬已经被调整到了其所在级别的最高值，要么是公司的薪酬等级表中的数据需要更新了，要么是公司缺少配套的职位通道晋升体系。

### 员工是在年度中新加入的要不要调薪

由于薪酬的调整一般是定期进行的，所以这是我们必然会遇到的问题。那么，公司到底要不要调薪呢？

在积分制绩效调薪中，这个问题比较好解决，因为积分是累积的，员工只要进入公司就会有绩效积分。在其他调薪方式中，我一般建议公司规定一个时间限制，比如进入公司超过半年的员工或者已经过试用期的员工可以进行调薪，而进入公司不到半年或者还没有过试用期的员工则不进行调薪。这里的关键是，公司对薪酬制度要提前明确好规则。

### 是否可以降低员工的薪酬

从道理上说，薪酬有升就应该有降，但在实际操作中，降低员工的薪酬往往比较难以操作。因此，公司一般不要轻易降低员工的薪酬，但对于绩效表现较差的员工来说，公司一般可以采用变通的方式进行间接降薪。比如，绩效为E（差）的员工可以停止调薪一次或在积分制中将E（差）设置为扣分项。

### 有了绩效调薪是否还要进行普调

这里我们需要首先明确普调的含义和目的。普调一般是指对所有员工都进行普遍的薪酬调整，普调的目的是保证员工的工资购买力同上年度相比保持不变，由于CPI（消费者物价指数）和社保公积金基数每年都在增加，这会导致员工相同的工资在下一年度的购买力是下降的。因此，从这个角度来说，普调是必要的，因为绩效调薪一般只涉及部分人。

但是，因为每年的CPI和社保公积金基数调整带来的购买力下降是有限的，公司一般都能做到对大部分员工每2～3年调一次薪（包括绩效和其他调薪），这一部分调薪基本可以覆盖2～3年的CPI和社保公积金基数增加带来的购买力下降。因此，公司每年的普调其实不是必需的（最低工资员工的调薪除外）。

不同的公司可以根据实际情况来确定是否每年普调一次或者每隔几年普调一次。

### 职位通道级别晋升的调薪与绩效调薪同时发生了该怎么处理

建立了职位通道晋升体系的公司，经常会出现员工职级晋升需要调薪和绩效调薪同时发生的情况，这种情况是以一种为主还是两者同时进行呢？如果两者同时进行，那么其先后顺序又是怎样的呢？

我们先来看看两者的含义：职级代表的是能力，而绩效代表的是工作结果。这是两个相对独立的事件，因此如果两者带来的调薪同时发生，那么我一般建议对其进行叠加。同时，由于绩效代表的是员工当期工作的结果（而不是下一级别的工作结果），所以我一般建议公司先进行绩效调薪，再进行职级调薪。

在实际操作中，为了避免两者叠加带来的一次调薪过高，我一般建议将绩效调薪放在上半年，而将职位通道中职级的晋升放在下半年。

## 职级晋升

因为职级代表的是能力，而绩效代表的是工作结果，所以在一个完整的职级晋升体系中，绩效并不是决定因素，甚至不是主要因素，而是能否晋升的门槛，因为能晋升的人首先是能做出业绩的人。

当然，在简化的职级晋升体系中，绩效尤其是连续绩效（连续几次的绩效结果）可以成为员工职级晋升最主要的因素，因为绩效尤其是连续绩效从一定程度上反映了员工的能力。

## 职位晋升

职位晋升指的是从低级别的岗位晋升至高级别的岗位。在职位晋升中，绩效结果尤其是连续的绩效结果是一个重要的判定条件。

## 人才盘点

现代企业的竞争已经成为人才的竞争，人才的来源包括两个方面：外选与内培。定期进行人才盘点以确定人才差距，既是企业外选人才的依据，也是企业内部人才培养的重要依据。

人才盘点的方式有很多种，其中最常用的方式是九宫格人才盘点（见图 7–1）。九宫格人才盘点将企业的人才类型从横向和纵向两个维度分为九个类别（或者将九个类别中的个别类别合并为五个），根据盘点结果将所有人放入九宫格并形成公司的人才地图。

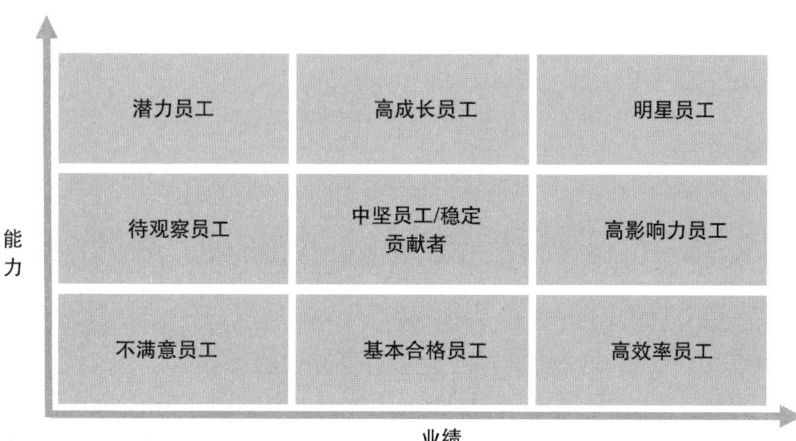


图7-1 能力–业绩九宫格人才盘点

九宫格人才盘点的基本假设是，通过两个不同的维度组合起来说明公司的人才情况。这两个维度通常一个代表工作的结果，一个代表工作的过程或者工作过程中员工投入的能力。

作为工作结果的维度，绩效评估结果通常是人才盘点的必选维度，员工在工作过程中投入的能力维度通常有三种：能力、潜力和价值观。这三种选择代表公司三种不同的用人原则。

- 能力，即员工在工作过程中表现出来的能力。能力通常代表的是员工当前可以达到的水平。将能力作为人才盘点的维度代表的是，公司重视员工当前的能力是否已充分发挥出来，而能力高低的判断可以通过能力素质模型进行，能力素质模型的搭建有一套完整的理论。这里不做详细介绍，感兴趣的读者可以查阅相关资料。
- 潜力，即员工未来是否有能力达成更高的成就。潜力通常代表员工未来可能达到的水平。将潜力作为人才盘点维度代表的是，公司重视对员工能力的挖掘和培养，潜力高低可以通过潜力模型来判断。

- 价值观，即员工在工作过程中的表现是否符合公司的价值要求。将价值观作为人才盘点的维度代表的是，公司重视员工的思想意识和工作原则是否符合公司的需求，价值观维度一般采用的是公司企业文化中的核心价值观。

在实际应用中，针对公司的不同发展阶段或者不同的员工类别所采用的维度应该是不同的。

从公司所处发展阶段的角度来看，处于快速发展期的公司可以采用潜力维度，因为公司在这一时期需要重视员工未来是否有能力承担更大或者更多的职责。处于稳定期的公司可以采用能力维度，因为公司在这一时期需要员工充分发挥自己当前的能力。当公司的规模达到一定级别（500人以上）时，公司可以采用价值观维度，因为当人数达到一定规模后，员工是否具有统一的向心力是公司能否稳定发展的基础。

从员工类别的角度来看，高层管理人员和专家级的专业人员可以采用能力或价值观维度，因为到了这个级别，员工的潜力已经基本被挖掘出来了，公司更看重这个级别员工的能力发挥情况，或者员工的思想意识和工作原则是否符合公司要求。中低层级的管理人员和一般员工可以采用潜力或者价值观维度，公司可能更看重员工的潜力或员工的思想意识和工作原则是否符合公司发展的需求。

当然，在实际应用中，公司也可以用三个维度进行人才盘点，这样盘点出来的人才状况可能更符合公司的需求，但是其过程可能会更复杂（见图7–2）。

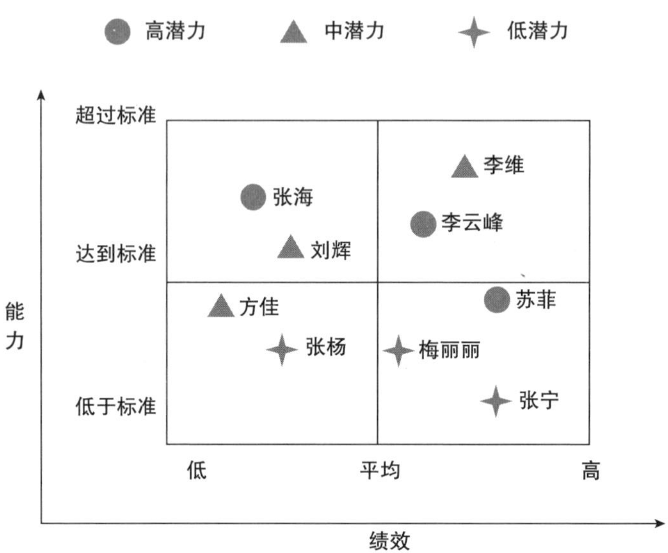


图7-2 以绩效、能力、潜力三个维度进行的人才盘点结果样例

## 优秀员工评选

大部分公司定期会进行年度优秀员工评选，只有绩效结果优秀的员工才有资格参与评选。

## OKR的结果应用

前面的应用更多针对的是传统的绩效模式，我们知道以OKR为代表的新绩效模式的最终得分结果通常不用在对员工的直接奖惩上。那么，这些新绩效模式的结果会应用在哪些方面呢？这里我们来做一些简单的总结说明。

## 精神激励

对很多员工尤其是知识型员工来说，物质激励的作用是有限的，更能发挥作用的是精神激励。精神激励可以有以下几种方式。

- 结果公示：结果公示带来的曝光效应会对员工产生更大的心理作用，OKR本身就提倡员工之间相互知道结果。
- 相互对比：相互对比带来的竞争性会激励员工做出更大的努力。
- 结果沟通：很多时候，上级沟通的作用可能会比物质激励更能激发员工的斗志。

## 作为传统绩效模式中的一个指标维度

OKR的最终得分结果不用在直接奖惩上并不代表其结果完全不影响对员工的奖惩，很多公司对员工的奖惩会间接参考OKR的结果，其主要表现形式有以下几种。

- 作为传统绩效模式中的一个指标维度。很多公司的绩效管理是将传统绩效模式和OKR结合起来使用的，OKR做季度绩效，传统绩效模式做年度绩效，各季度的OKR结果合在一起作为年度绩效指标的一个维度。这里我们需要注意的是，应用这种方式的前提是，员工季度OKR的指标是严格按照OKR的要求设置的，否则会导致季度OKR失去意义。
- 以结果为主，结合员工在设置和完成OKR指标过程中表现的自驱力，对员工进行定性评价。这种情况需要管理者表现出较高的管理水平。

# 反馈沟通

绩效结果的反馈沟通包括应用结果反馈和下一期绩效指标沟通两个方面。

## 应用结果反馈

应用结果反馈，即将应用结果反馈给员工，结果反馈的目的是获得员工的认同和理解。

### 面谈：结果反馈的最佳方式

在传统绩效管理中，很多管理者为了避免麻烦或者担心一些员工的对抗而选择不将结果告知员工或者不当面告知，这些管理者常采用的方式包括以下几种。

- 不告知员工绩效结果。在我为企业提供咨询的案例中，这种情况比比皆是，很多员工甚至从来不知道自己的绩效结果，也从来没有被告知过。
- 团队负责人通过发邮件的方式告知员工。这是很多团队负责人为避免员工的异议常常采用的方式。
- 由人力资源部告知员工。很多公司的管理者想当然地认为，绩效管理是人力资源部门工作的一部分，绩效结果应该由人力资源部门告知员工。

在绩效赋能体系中，我们强调要将结果当面告知员工，这里有几个方面的考虑。

- 员工对结果应该拥有知情权，管理者告知员工体现了对员工的尊重。
- 通过结果，员工可以对自己在团队中的位置有一个清晰的认识。
- 团队负责人告知可以体现管理者对绩效管理的重视。
- 通过当面告知，管理者可以更好地了解员工的反应，对员工的疑问可以进行更好的解答和沟通。

## 结果公开：可以更好地激励员工提升自己的能力

绩效结果要不要公开或者可以在多大范围内公开是在绩效结果出来之后需要我们考虑的另一个重要问题。绩效结果公开和不公开都有其优点和缺点，如表7-16所示。

表7-16 绩效结果公开与不公开的优缺点对比

| 项目 | 优点 | 缺点 |
| --- | --- | --- |
| 公开 | ▪ 可以相互之间有对比，激发竞争意识比较强的员工提升意愿<br>▪ 督促绩效结果相对较低的员工向上发展<br>▪ 内部透明 | ▪ 公开的相互对比可能引起一些员工的不满，打击一些员工的士气<br>▪ 可能会造成内部的“不和谐” |
| 不公开 | 可以保持内部的“和谐”，不给绩效低的员工造成过大的心理压力 | 相互之间没有对比，对低绩效员工的压力感不足 |

对公司来说，绩效结果要不要公开跟企业的文化属性有很大关系。

狼性文化的公司可以将绩效结果在整个公司内部或者至少在超出员工所在团队之外的更大范围内公开。这类公司提倡相互竞争，公开带给人的力量会强过绩效奖金带给人的力量。

佛性文化的公司可以不公开绩效结果，只需要员工自己知道个人的结果就可以了，或者也可以在小范围内公开排名靠前的员工。

过程文化的公司可以在小范围内公开整个绩效结果或排名靠前的员工。

## 整体总结：对整个绩效周期进行系统的思考

绩效结果出来之后，管理者除了要同员工沟通绩效结果外，还应该对员工在该绩效周期内的整体情况做一个总结，总结的内容应该包括以下三点。

第一，亮点、进步、表扬，即对员工过去一个绩效周期内表现较好的方面（不仅是绩效指标，还包括日常工作表现）进行总结，表达对员工的认可。此内容一定要填写。

第二，待加强、改善的方面，即根据员工过去一个绩效周期内的表现提出其要改善的方面。

第三，发展建议，即从管理者的视角为员工的发展提出方向或者具体措施，加速员工成长。

在进行具体沟通时，我有以下几个建议。

- 先由员工进行思考和总结，再由管理者进行总结。
- 在谈话总结的前两个方面，管理者应该说明具体的行为或者案例。
- 在谈话结束后，管理者填写如表7-17所示的正式沟通文件。

表7-17　绩效反馈与建议样表

| 1. 亮点、进步、表扬 |
| --- |
| |
| 2. 待加强、改善的方面 |
| |
| 3. 发展建议 |
| |

## 结果反馈的基本原则

第一，维护员工自尊，增强其自信心。面谈的本质不是寻找员工的缺点，而是就事论事，从而为未来的工作做准备。因此，维护员工的自尊、增强其自信心是面谈的基本要求。

第二，仔细聆听，善意回应。结果面谈仍然遵循沟通的“二八原则”，上级少说多听，鼓励下属表达观点，使其说出内心的想法和建议。

第三，提供协助，促进参与。在结果面谈的过程中，管理者寻找员工工作过程中存在的困难点，为困难的解决提供帮助。同时，面谈可以更好地鼓舞员工的士气，可以使员工更好地参与工作和承担更大的责任。

第四，分享感受，传情达理。在面谈过程中，管理者可以通过分享自身的真实感受获得员工感情上的认同和信任，从而更好地让员工接受自己的建议和理念。

第五，给予支持，鼓励承担。在结果面谈中，管理者应该向员工表达作为上级对其日常工作的支持，鼓励其承担更大的责任。

## 员工申诉处理：管理者必须要有直面申诉的勇气

很多公司或者管理者不愿意跟员工进行当面反馈或者不愿意向员工公开结果的主要原因是，担心员工申诉。但根据我的咨询经验，要求管理者当面反馈的公司以及将绩效结果公开的公司在这一方面承受压力并没有想象的那么大，这些行为反而从一定程度上促进了员工对绩效结果的认可。通过分析，我认为主要有以下几点原因。

- 通过申诉，员工可以充分地表达自己的想法，可以为内心的疑问找到答案，这不会造成员工私下的不满。
- 有了申诉渠道，员工的申诉反而会更慎重，因此只要申诉过程合理，一般不会有大量的员工申诉。

- 想申诉的员工会在申诉之前把问题想得更清楚，这在一定程度上也会促进员工的发展。

因此，公司或者管理者不应该担心员工的绩效申诉，而应该建立申诉通道来直面员工的申诉。员工的申诉通道可分为三种：员工的直接上级、员工的次上级以及人力资源部门。

- 第一申诉通道：直接上级。员工如果对绩效结果不满意，就应该先找自己的上级进行说明。
- 第二申诉通道：员工的次上级。员工如果对直接上级的沟通结果不满意，就可以通过次上级进行第二次申诉。员工的次上级在跟员工进行沟通之前应充分了解员工的实际情况和第一次申诉的情况。
- 第三申诉通道：人力资源部门。绩效赋能的第一责任人不是人力资源部门，因此人力资源部门不应该过早地介入申诉过程，但是员工在对两次申诉都不满意时，可以向人力资源部门申诉。这里并不是要人力资源部门直接解决问题，而是由人力资源部门组织相关人员进行沟通来解决问题。

## 下一期绩效指标沟通

进行结果反馈之后，管理者还需要同员工就下一绩效周期的指标进行沟通并达成一致。这里需要说明的是，新绩效周期的绩效指标应该根据新绩效周期的核心工作来确定，而不是直接照抄上一绩效周期的绩效指标。

第八章

# S——员工发展

随着人在企业管理中的重要性越来越强，发展员工、提升员工的工作能力逐渐成为企业管理中最重要的工作。

在传统的绩效管理体系中，员工的发展主要靠自我提升，我称之为“野蛮生长”。在绩效赋能体系中，我提出了对员工发展更有效的“刻意培养”。

## 野蛮生长与刻意培养

刻意培养，即针对员工工作中需要提升的点，由上下级一同分析和确定其相应的培养方式，制订培养计划，并由上级对培养计划的执行情况进行跟踪指导的培养过程。刻意培养可以保证培养内容的针对性以及培养结果的有效性。刻意培养同传统野蛮生长的主要区别有以下几点。

### 刻意培养强调有针对性的培养

刻意培养的主要内容是绩效赋能中或者员工日常工作中发现的需要提升的点。这需要我们进行专门的分析，而传统野蛮成长的内容更多是“员工自己认为”需要提升的点。很多时候，员工自己认为需要提升的点可能并不是其真正需要提升的点。

### 刻意培养强调培养的计划性与执行性

传统野蛮成长由员工自己掌控，员工往往很少会制订专门的发展计划，即使有计划，在执行时也往往比较随意。但是，刻意培养需要制订有针对性的计划，并进行定期跟踪，从而保证计划的执行。

### 刻意培养强调管理者的参与与协助

很多时候，员工发展比较慢的主要原因是其自身能调动的资源有限。比如，员工想要有一个导师或者参与一个针对性的培训，但是自己很难找到合适的人脉或者资源。在刻意培养中，管理者要主动在这方面给员工提供协助。

## 刻意培养的方法

绩效赋能体系中的“刻意培养”包括两方面：PDCA过程中的“事中”刻意培养和PDCA过程后的“事后”刻意培养。

## PDCA过程中的“事中”刻意培养

在PDCA的整个过程中，每一个节点本身就是一个对员工能力的“刻意培养”过程。

## PDCA过程后的“事后”刻意培养

事后刻意培养，即在绩效赋能的PDCA过程结束之后进行的刻意培养。

刻意培养的频率一般为一个季度一次。为了保证刻意培养的有效性，我提出刻意培养五部曲（见图8-1）。但在实际操作中，这五个步骤可以与结果面谈同时进行，也可以单独进行。

### 上下级共同确定需要提升的能力库

我们需要对绩效背后的能力进行深层次的分析，找到提升的能力点。这里分析的侧重点是绩效完成结果较差的绩效指标背后的能力，但并不局限于此。对于有些绩效指标完成得比较好但在实际工作中需要提升能力的地方，我们也可以进行深入分析。

除了对绩效指标背后的能力进行分析之外，我们还可以对其他方面背后需要的能力进行分析，例如职位通道中的任职资格、胜任力模型、日常工作中的表现等。在综合的分析结束之后，我们可以提取出需要提升的能力库。

### 找出关键的3～5项能力

在以上需要提升的能力库中，我们通过对比重要性及紧急程度来选择最需要提升的能力项（见表8-1）。

1
上下级共同确定需要提升的能力库
2
找出关键的3～5项能力
3
确定学习规划与学习形式
4
定期跟踪
5
学习结果评估

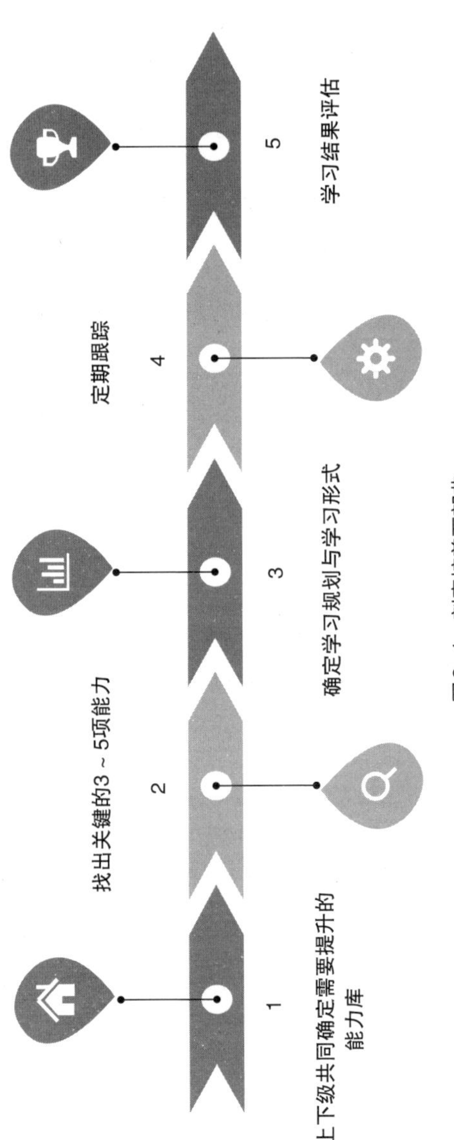

图8-1 刻意培养五部曲

表8-1 需提升能力的选择参考表格

| 维度 | | 完成指标需要的能力 | 能力评估 | | | 能力描述 | 最需要提升的三个方面 |
|---|---|---|---|---|---|---|---|
| | | | 不需要提升 | 需要部分提升 | 需要全面提升 | | |
| 绩效指标维度 | 销售报表有效性 | 数据分析能力 | | | √ | 能完成销售部门的报表，并能对数据进行分析，从数据趋势中提取有用信息 | √ |
| | | Excel（电子表格软件）处理能力 | √ | | | 熟练应用Excel并进行分析 | |
| | 客户拜访数量 | 主动沟通能力 | | | √ | 提高同客户沟通的主动性，挖掘客户潜在需求 | √ |
| | | 客户关系管理能力 | | | √ | 提高客户的黏度与忠诚度 | √ |
| | 销售目标完成情况 | 产品技术的熟练度 | | √ | | 能随时说出公司产品的技术特点，并能根据客户的需求有针对性地解决客户基本的技术问题 | |
| | | 产品的优势 | | √ | | 能熟练地说出公司的产品同市场所有同类别产品相比的优势 | |
| 非绩效指标的其他维度 | | 时间管理能力 | | | √ | 能有效制订时间计划并准确执行 | |
| | | 市场洞察能力 | | | √ | 能根据客户的需求或当前的市场动态洞察产品的发展趋势，为研发部门提出产品升级、优化建议 | |

## 确定学习规划与学习形式

在找出需要提升的关键能力之后，我们需要对能力进行分析，以确定能力提升的计划（见表8-2）。

表8-2 学习规划样例

| 提升项目 | 具体措施 | 预期效果 | 时间安排 | 需要的支持（人/部门） |
|---|---|---|---|---|
| 数据分析 | 参加数据分析相关的培训 | 能够独立完成品牌部门的月度数据分析报告 | 4月 | 企业大学提供相关培训课程或者外部培训信息 |
| | 内部帮带一个月 | | 5月 | 员工××帮带一个月 |
| | 完成5月份的数据分析报告 | | 6月 | 直接上级提出改进、优化建议 |
| 主动沟通能力 | …… | …… | …… | …… |
| 客户关系管理能力 | …… | …… | …… | …… |

表8-2中的具体措施、预期效果、时间安排和培养方式应该由上下级根据需要提升能力项的情况确定，其中的培养方式可以参照基于“70%—20%—10%”的人才培养模型（见图8-2）。

## 定期跟踪

在学习规划确定之后，上级应定期（周或月）对员工的学习情况进行跟踪和阶段性评估，以保证其学习规划的顺利执行和执行过程中的部分问题得以解决（见表8-3）。

能力提升
70%
20%
10%
70%的能力通过工作实践得来
20%的能力通过辅导反馈得来
10%的能力通过课堂培训得来
T——培训
知识培训、技能培训、领导力培训
内训、外训、在岗培训
C——交流
挂职锻炼
专题讲坛
A——锻炼
部门内或不同部门轮岗
参与项目
C——辅导
配备导师
与公司高层管理者接触

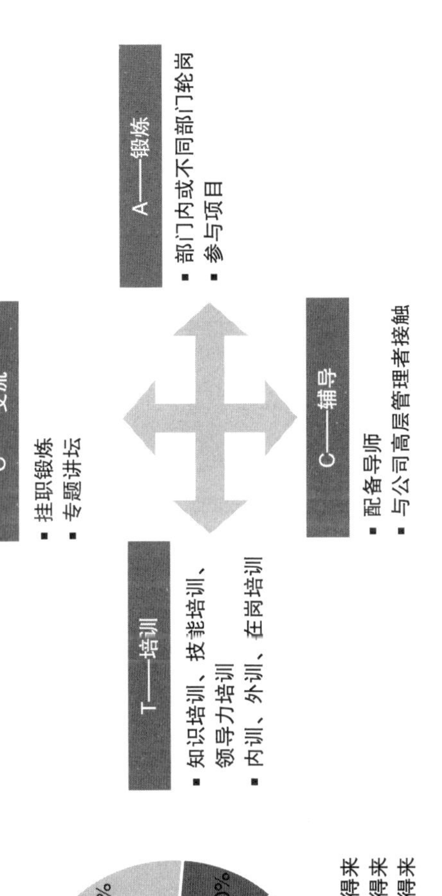

图8-2 人才培养模型

表8-3　5月份跟踪表

| 提升项目 | 具体实施记录 | | 实施时间 | 效果评估 |
| --- | --- | --- | --- | --- |
| 数据分析 | 参加数据分析相关培训 | 5月份参加了××数据分析公开课，课程结束后在部门内部进行分享 | 5月12日参加培训<br>5月20日进行内部分享 | 系统学习了数据分析的方法和技巧，对数据分析的重要性有了进一步了解，相信其后期的工作能为部门和公司带来更多的价值 |
| | 内部帮带一个月 | …… | …… | …… |
| | 完成5月份的数据分析报告 | …… | …… | …… |
| 主动沟通 | …… | …… | …… | …… |

## 学习结果评估

在季度学习结束之后，上下级需要对学习的结果进行综合性评估，对出现的问题和学习的效果进行总结（见表8-4）。

表8-4　结果评估样例

| 员工自评 | 直接上级评估 |
| --- | --- |
| 通过一个季度的学习和练习，自己的感受主要包括以下两点：<br>▪ 我可以独立开展部门的数据分析，而且正在搭建一个重要的数据模型，这个模型可能再需要一个季度的验证和修正，但是我相信，这个数据模型如果搭建成功，就可以为部门的工作效率带来质的提升，也可以为公司节省不少成本<br>▪ 我深刻认识到了主动沟通和被动沟通的差别，这个差别不仅体现在行为上，更体现在自信以及对工作带来的提升上，后期我会更主动地同相关部门和同事沟通，我也深知目前自己的沟通能力只是比之前有了一定的提升，但还没有达到要求，后续我会更主动同相关部门和同事进行沟通，也会继续阅读一些沟通类的图书，以提升自己的沟通能力和技巧 | 基本达到要求，由于该员工的逻辑思维能力比较强，因此在数据分析上进步很快，已经可以独立进行部门数据的搜集与分析，甚至还有一些创新的行为；在主动沟通上有了一些进步，但还不够，这主要是性格的原因，后期还需要继续提升 |

# 第三篇
# 应用篇

本篇将对绩效赋能体系应用的精细化场景进行重点介绍，并将详细介绍两个实际案例。

第九章

# 不同类别员工的个性化“绩效赋能”

随着市场竞争的加剧，精细化管理成为企业管理发展的必然需求。接下来，我们针对企业中常见的四类员工的特点进行绩效赋能方面“精细化”的说明，这些说明主要针对的是我在多年的咨询中发现的大部分企业的常见问题。这四类人员分别是管理人员、技术研发人员、销售人员、生产工人。

## 管理人员

### 管理人员的特点

在被誉为“领导力开发的圣经”的管理大师拉姆·查兰的经典著作《领导梯队》中，管理者的领导能力被分为六个阶段，如图9-1所示。

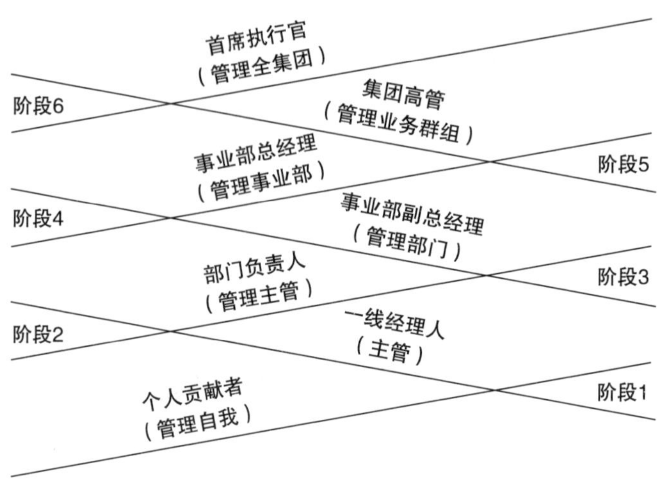


图9-1 拉姆·查兰的“领导梯队”

在这六个阶段中，管理者需要在以下三个方面进行转变。

- 领导技能——培养胜任新职务所需要的新能力，提升领导力。
- 时间管理——重新配置时间精力资源，决定如何高效工作。
- 工作理念——更新工作理念和价值观，让工作聚焦重点。

结合领导梯队的理念，管理者在绩效管理方面有以下特点。

## 不同层级的管理者的责任不同

大部分公司的管理层级虽然达不到领导梯队中的六个层级，但一般也可划分为高层、中层与基层三个层级，这三个层级的责任分工是不同的。

高层一般是指公司的副总及以上级别。高层的主要职责是统筹、规划公司级别的业务与管理工作，对公司的经营和管理决策有重大影响。

中层一般是公司的部门长级别。中层的主要职责是统筹、规划某一业务领域或业务单元工作，参与公司经营和发展决策。

基层一般是部门内部的二级主管。基层管理的主要职责是管理一个团队，参与具体业务的运作。

不同层级的绩效赋能机制有所不同。

### 管理者既是任务承担者又是评判者

对于管理者来说，既要承担公司或者上级分配的任务，又要对下级任务的完成情况进行评判。有效的绩效赋能体系需要针对这两个角色进行分别设计，同时又需要将这两个角色合在一起系统化设计。

### 管理者代表的是一个团队

管理者的工作完成情况通常代表一个团队的工作完成情况，因此对管理者的评估也是对一个团队工作的评估，这就对管理者的评估提出了更高的要求。

## 对管理人员绩效赋能机制设计和运行的建议

基于以上特点，我对管理人员的绩效赋能机制设计及运行有以下建议。

### 绩效文化和绩效意识方面

作为管绩效赋能的主要责任人，在搭建整个公司的绩效赋能体系以及日常工作过程中，人力资源部门要对管理人员刻意地进行绩效文化和意识方面的培养，而且这种培养要定期进行。

另外，在日常的管理中，管理者做到以下几点。

- 在团队内部打造团队的绩效文化，并时刻注意对下属绩效意识的培养和纠正。
- 重视绩效赋能，管理者要认识到绩效赋能对公司、团队、员工的作用和价值，并对绩效赋能进行正面思考，而不是负向地“找问题”。
- 主动推动绩效赋能各个阶段的工作，主动承担绩效赋能各个阶段的责任。
- 管理者自身既是一个赋能者，也是一个被赋能者。管理者既需要有主动赋能给其他人的意愿，也需要敢于甚至欢迎从其他人那里接收赋能建议。

## 绩效赋能执行过程方面

在绩效赋能的执行过程中，我对公司的各级管理者有以下建议。

第一，公司的高层管理者必须具备长远的眼光。因此，在指标设计上，高层管理者，尤其是总经理及分管销售的副总经理，不要全部采用财务指标。通常情况下，这两个岗位非财务指标的权重设定在30%～50%。

第二，关于非财务指标，高层管理者的指标中要有战略发展的指标，中层管理者的指标中要有团队发展的指标，基层管理者的指标中要有员工培养的指标。

第三，对于核心财务指标，比如营收、利润等，所有的高层管理者都需要承担责任，但是根据分管业务不同，各管理者所占权重应该不同。非承担直接业务责任的中基层管理者不需要直接承担这类财务指标，而应该根据责任承担相应的支持指标，比如生产部负责人就不需要直接承担营业收入指标。

第四，中高层人员的指标应该是透明的，以便相互了解，相应的定期绩效会议也尽量一起开。

第五，在中高层管理岗位上，企业要设有引导这些管理人员做后备人才培养的指标，比如增加一个后备人才培养的定性指标。在指标的评价标准上，管理者要定期做一些培养的动作或事件。

第六，管理者需要有分解指标的能力，管理者只有学会分解指标才能更好地达成目标。这种分解指标的能力既包括分解上级指标的能力，也包括分解自己的指标至相应下属的能力，甚至包括分解下属的指标至下属的下属或者其他人的能力。

第七，轮岗是很多公司培养管理人才的方式。在轮岗初期，我对管理人员绩效结果的确定有以下几点建议。

- 在狼性文化属性的公司中，轮岗是必要的强制动作。因此，轮岗人员在进入新岗位时，应及时接受原岗位人员的绩效指标。
- 在佛性文化属性的公司中，轮岗一般采用自愿的形式。为了提高轮岗的意愿，公司一般可以将轮岗之初不超过3个月的时间设定为“保护期”，可以将绩效结果设定为最低级别（比如B）。如果实际结果（比如C）低于该级别（B），那么公司可以将该员工的绩效等级确定为该最低级别（B）。如果实际结果（比如A）高于该最低级别（B），那么公司可以将该员工的绩效等级确定为实际级别（A）。
- 过程文化属性的公司可以结合以上两种情况来确定。

## 员工发展方面

管理人员是每个公司的核心力量，因此公司对管理人员的培养至关重要。我对绩效赋能的管理人才培养有以下几点建议。

- 公司需要持续安排管理类的通用课程，比如基于领导梯队的管理技能培训，因为培训的目的是引导被培训人员的意识，意识的引导需要反复进行。

- 在必要情况下，公司可以聘请管理教练或者导师，引导管理人员能力的提升。
- 公司可以在管理人员的指标中加入参与培训或者培养的要求，比如参与培训的课时或者积分要求，引导管理者积极参与培训。

## 技术研发人员

技术研发人员（生产工艺和质量类的技术工作不属于本范畴）作为公司建立竞争力、进行创新的核心力量，具有很多个性化特点，这些特点需要我们有针对性的绩效赋能方案。

这里我们先对技术研发类产品做一个简单的区分。基于产品的形态，我们可以将技术研发类产品分为软件型产品和硬件型产品（生物制药等属于硬件型产品）。基于客户的性质，我们可以将技术研发类产品分为满足单个客户的个性化产品和满足特定群体的大众化产品。而基于产品的用途，我们可以将技术研发工作分为基础研究和产品开发。基于这些划分，我们可以将技术研发工作分为六类（见表9-1）。

表9-1 技术研发工作分类

<table>
<tr><th colspan="3">类别</th></tr>
<tr><td rowspan="3">软件型</td><td>个性化产品</td><td>产品开发</td></tr>
<tr><td rowspan="2">大众化产品</td><td>基础研究</td></tr>
<tr><td>产品开发</td></tr>
<tr><td rowspan="3">硬件型</td><td>个性化产品</td><td>产品开发</td></tr>
<tr><td rowspan="2">大众化产品</td><td>基础研究</td></tr>
<tr><td>产品开发</td></tr>
</table>

## 技术研发人员的特点

### 高知识型人才居多

技术研发人员属于高知识型人才，一般从事的都是具有很高价值的创造性劳动。这些人具有较高的个人素质、很强的自主性和自我实现意愿等特点，这些特点使得技术研发人员的绩效赋能过程需要我们更注重管理背后的人性。

### 工作过程比较复杂

图9–2是一个产品开发的全流程，这个全流程图反映了技术研发工作的复杂性。

### 工作结果难有效衡量

技术研发的大部分工作很难用量化的数字清晰地表达出来，这就导致其在结果的衡量上较其他岗位有较大的难度。

## 技术研发人员绩效赋能机制设计和运行的建议

基于以上特点，我们在绩效赋能体系的实际运行上针对技术研发人员有以下建议。

### 绩效文化和绩效意识方面

对于技术研发人员，我们需要打造以下的绩效文化和绩效意识。

一是强绩效文化。对于高知识型人才，文化管理是最有效的管理，因此要想在这类人员中推广绩效机制，企业最有效的方式就是打造绩效文化。

决策评审点
技术评审点
概念决策评审
计划决策评审
可获得性评审
生命周期结束评审
概念
计划
开发
验证
发布
需求变更管理
项目管理
客户关系管理
系统设计
概要设计
详细设计
测试
验证
发布
技术评审2
技术评审3
技术评审4
技术评审5
技术评审6
实施服务
项目管理
PDT
（R）
PPT
（M）

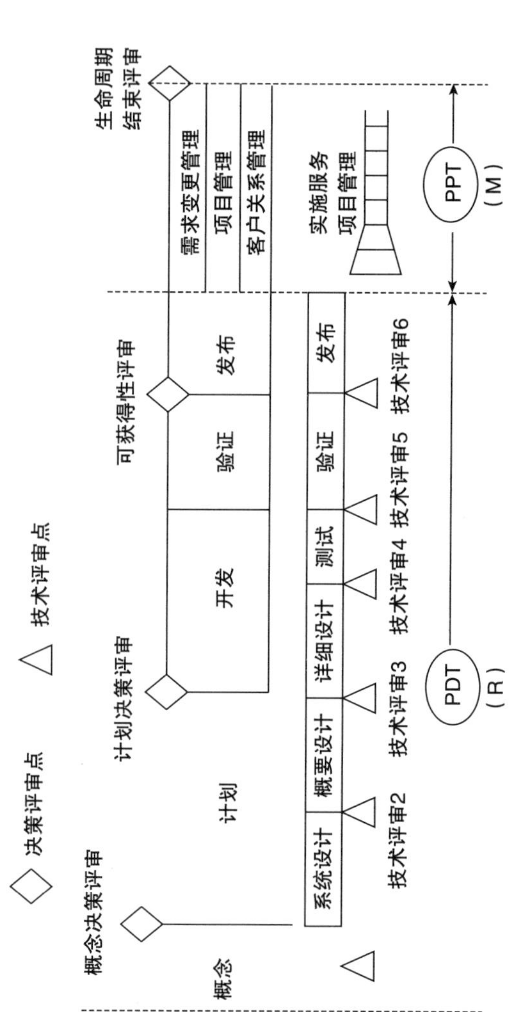

图9-2　产品开发全流程

二是容错。由于技术性工作的复杂性和创新，出错是在所难免的，而且在开发研究过程中，一定程度的出错可以更好地避免成熟产品出错。因此，一定程度的容错是必要的，甚至有些公司在产品开发过程中还推行一定程度的“迎错”。华为是提倡容错的，华为容错的标准是“犯过的错不能再犯”了。

三是团队意识。技术研发类工作大多数属于团队型工作，这里的团队意识不仅反映在开发过程本身上，也反映在开发工作与其他工作的衔接上。

四是技术商人思维。由于技术工作高度专业性的特点，技术研发人员往往容易陷入专业陷阱，而忽略市场需求，这往往违背了公司存在的本质。让工程师成为技术商人，是任正非在国内首先提出的。华为的成长壮大之路就是不断技术市场化之路，就是不断培养技术商人之路。为了完成从内部工程师到技术商人的转变，华为采取了许多相应的配套措施，比如任正非不断强调的“坚决不研发卖不掉的世界顶尖技术，卖出去的技术才有价值”。在进行人员提拔时，华为要求，没有市场一线经验的技术研发人员不能被提拔。微软的人才战略也强调，只找既懂技术又懂经营的精英人士。

## 绩效赋能执行过程方面

在绩效赋能的执行过程中，我对技术研发人员有以下几点建议。

第一，为技术研发部门配备专门的HRBP（人力资源业务合作伙伴），HRBP通过对部门的工作以及员工特点的了解可以设置更有针对性的方案。

第二，从市场的角度考核技术研发人员。基于技术商人的思维，考核技术研发人员的维度不仅仅是技术成功、开发周期维度，还有新产品获利、上市周期等维度。

第三，重视团队结果。研发是一个强团队工作，在工作中，管理者应时刻强调团队协作和“共创、共享、共担”的理念，所有人都应当对工作结果负责。有些公司的技术研发人员甚至不考核个人，仅考核团队，团队考核的结果就是所有人的个人结果。

第四，多认可，少“打骂”。管理上流传着一句话，即“技术研发人员是靠哄的，销售人员是靠抽的”，在同高知识型技术研发人员进行绩效沟通时，认可的作用要远大于惩罚的作用。

第五，精神激励大于物质激励。对于高知识型员工来说，他们参与重大项目、承担重要工作、获得奖项、参与重大会议等精神激励的作用可能大于绩效结果所带来的物质激励，管理者应善于利用这类精神激励。

第六，不建议将以下类型的指标作为绩效指标。

- 态度、纪律类指标：对大部分岗位来说，这类指标都不应该作为绩效指标。
- 过程零出错类指标：技术研发类工作本身就是创新类工作，这类工作在很多情况下需要员工大胆尝试，因此这类工作更应该“接受捅娄子、拒绝不作为”。
- 容易导致多做多错的指标。

## 员工发展方面

技术研发人员的培养应该是公司人才培养的核心，在这方面，我有以下几点建议。

第一，到一线部门锻炼。要想成为技术商人，我们就要有商人的思维。对技术研发人员来说，到一线业务部门、市场部门去锤炼是最好的方式。

第二，定期举办内部技术交流会。技术研发团队比较大、比较多的公司可以定期举办内部交流会，员工在增加相互了解的同时可以互相学习技术。

第三，建立内部导师制。内部导师可以专门针对员工的短板和未来的成长需求进行日常教导，这样针对性更强，更有利于员工的成长。但是，很多建立导师制的公司在实际操作的效果并不理想。关于导师制，我有以下几点建议。

- 将导师制融入公司文化，建立“人人都有导师，人人以成为导师为荣”的文化。
- 可以在导师的绩效指标中加入培养学徒的绩效指标。
- 定期对导师的履职情况进行核查，同时可以对导师定期评审，对优秀导师给予奖励。

## 销售人员

销售部门作为最前端的业务部门，是公司收入的核心来源。因此，在大部分公司里，销售部门都是公司的核心部门。在总结销售人员的特点之前，我们先对销售人员的“真假”做一个辨别，以使下面内容更有针对性。

一个公司在销售产品时主要通过三种方式：第一种方式是依靠公司的品牌影响力，消费者想要购买该产品时自然而然会想到该品牌，这是大部分公司的理想模式，也是定位理论中强调的“品牌要占领消费者的心智模式”的理想目标，但是这一点并不容易达到或者说大部分公司是达不到的；第二种方式是通过代理商销售，这种方式有点类似于“销售外包”；第三种方式是通过销售人员的团队或者个人努力，这是大部分公司采用的模式。公司的销售模式一般都是这三种方式中的一种或者几种的结合。

针对以上三种方式，销售人员的责任是不同的。针对第一种或第二种方式，销售人员更多扮演的是支持、维护的角色，我们暂称其为“假销售”，这种销售的绩效管理模式基本类似于职能管理人员。本部分讲的内容更多的是针对第三种靠销售能力而销售的“真销售”。

## 销售人员的特点

### 地域分布广，不易管理

大部分公司的客户群体是全国性的（甚至全球性的），因此销售人员的分布也是全国性的（甚至全球性的），这些销售人员长期不在公司，会给管理造成困难。

### 直接产出结果明显，容易造成短期行为

销售的行为可以直接给公司带来经济收益。为了激励销售人员，大部分公司通常会采用直接销售提成的方式来决定销售人员的收入。这种方式很容易造成销售人员为了短期收入而采取短期行为，有些短期行为长期来说可能会危害公司。

### 销售的难易程度难以直接衡量

有些客户不用销售人员付出多大努力就会购买产品，有些客户即使销售人员付出了很大努力仍然不购买产品；销售人员在有些区域销售很容易，在有些区域销售很难。这种销售难易程度的不同造成的结果性差异会对销售人员的评估造成较大的影响。

# 销售人员绩效赋能机制设计和运行的建议

基于以上这些特点，我对销售人员的绩效赋能机制设计及运行有以下几点建议。

## 绩效文化和绩效意识方面

对于销售人员在绩效文化和绩效意识方面，我建议企业做到以下几点。

### 强化企业文化的培养

通过企业文化，企业不仅可以增强销售人员的自我管理能力，也可以提升企业的品牌形象。

### 长期思维的培养

长期思维既可以促使销售人员站在客户需求的角度考虑问题，也可以有效保留优秀的销售人员。

## 绩效赋能执行过程方面

在绩效赋能执行过程中，我对于销售人员有以下几点建议。

对于成立初期和处于快速发展期前期的公司，管理者可以直接用销售结果作为销售人员的绩效（销售提成方式），但是对于发展到一定阶段的公司来说，管理者可以适当地引入绩效赋能机制。

在引入绩效赋能机制时，管理者对销售部门负责人和一线销售人员采用的做法略有不同。

### 销售部门负责人

由于销售部门负责人的主要工作职责是带领整个团队完成销售目标，

所以销售部门负责人的薪酬模式一般为

基本工资+绩效工资（月度或季度）+年度提成

其中，绩效工资的计算方式为

实际发放绩效工资=绩效工资基数 × 绩效系数

其中，绩效系数可以通过绩效结果评价取得。在销售部门负责人的绩效指标中，业绩指标的权重最大，但是非业绩指标也应当占有一定的权重（见表9-2）。

表9-2　某公司区域销售总监季度绩效指标

<table>
<tr><th colspan="8">华北分公司2019年第二季度绩效考核表</th></tr>
<tr><td>被考核人</td><td></td><td>岗位</td><td></td><td>所属部门</td><td colspan="3"></td></tr>
<tr><td>指标</td><td>分值</td><td colspan="2">目标值/目标描述</td><td>实际完成情况说明</td><td>自评分</td><td>评分</td><td>评分说明</td></tr>
<tr><td>销售额</td><td>30%</td><td colspan="2">2 000万元</td><td></td><td></td><td></td><td></td></tr>
<tr><td>销量</td><td>20%</td><td colspan="2">5 000吨</td><td></td><td></td><td></td><td></td></tr>
<tr><td>有效新客户数量</td><td>20%</td><td colspan="2">6家</td><td></td><td></td><td></td><td></td></tr>
<tr><td>物流配送次日达覆盖率</td><td>20%</td><td colspan="2">80%</td><td></td><td></td><td></td><td></td></tr>
<tr><td>专案推进计划完成率</td><td>10%</td><td colspan="2">100%完成</td><td></td><td></td><td></td><td></td></tr>
<tr><td>加分项</td><td colspan="3">对公司做出突出贡献的，可根据实际情况酌情加分</td><td colspan="3"></td><td></td></tr>
<tr><td>扣分项</td><td colspan="3">对发生影响违纪违规或对公司的声誉造成重大影响的可根据实际情况酌情扣分</td><td colspan="3"></td><td></td></tr>
<tr><td>总分</td><td></td><td>打分人</td><td></td><td colspan="3">人力资源部核定（盖章）</td><td></td></tr>
</table>

### 一线销售人员

一线销售人员的工资模式主要有三种。针对这三种模式，绩效赋能的方式也是有所不同的。

第一种模式：基本工资+绩效工资。

在这种模式下，销售人员没有业务提成，其奖励主要在绩效工资中体现。这种模式下的绩效赋能方式可以参考销售部门负责任人的方式。

第二种模式：基本工资+销售提成。

在这种模式下，绩效考核结果可以用于决定销售提成的实际发放额度，即实际发放销售提成=销售提成基数×绩效考核系数。举例来说，如果一个销售人员在2019年10月的提成是5 000元，绩效结果系数为1.2，那么他在10月的实际发放销售提成为5 000×1.2=6 000元。

第三种模式：基本工资+绩效工资+销售提成。

这种模式实际上是前两种模式的结合，这种模式下的绩效赋能方式仍然可以参考销售部门负责任人的绩效赋能方式。

在第一种模式和第三种模式下，绩效结果对员工的收入影响比较小（第一种模式相比于第三种模式绩效结果的影响略大），绩效赋能机制不容易引起销售人员的重视。第二种模式下的绩效结果对员工的收入影响较大，由于一线销售人员的主要职责是完成销售目标，所以我一般建议公司采用第二种模式。

## 员工发展方面

关于销售人员的培养发展，我有以下几点建议。

### 赛马不相马

张瑞敏曾说：“给你比赛的场地，帮你明确比赛的目标，比赛的规则公开化，谁能跑在前面，就看他自己的了。”“赛马不相马”，即为员工提供公平竞争的机会和环境，尽量避免伯乐相马过程中的主观局限性和片面性，这个理念尤其适合销售人员。

**定期由资深销售人员开展内部经验分享**

销售是一个技巧性很强的工作，由公司内部的优秀员工分享经验是提升销售人员整体销售技能的最主要方式。

**鼓励专业人员转做销售**

我有一个客户，它是一家著名的工业机器人公司，公司内部积极鼓励研发人员转做销售。该公司规定，凡是转做销售并能胜任销售岗位的研发人员，其原基本工资保持不变，还有额外的正常销售提成。

该公司这么做的重要原因是，公司生产的是技术性很强的产品。研发人员更了解技术细节，可以更好地在销售过程中解答技术问题，还可以在维护客户过程中帮助客户解决技术问题。对于其他技术性强的公司来说，这种做法同样适用。

# 生产工人

## 生产工人的特点

生产工人属于基层一线员工，生产工人的工作主要有以下特点。

### 工作的复杂程度差异较大

从生产产品的角度来看，我们可以将工人分为生产技术型产品的技术型工人和做简单重复工作的操作型工人。技术型工人（比如生产高精密产品的工人）通常需要相对较高的学历和相对较强的学习能力，操作型工人（比如流水线上的工人）的工作内容一般简单、重复。

从工作方式的角度来看，我们可以将生产工人的工作分为个体型工作和团队型工作。个体型工作是指一个产品可以由单个人操作完成，或者一个产品的每个生产工序都由单个员工完成。团队型工作一般需要团队紧密配合才能完成，这类工作一般不容易衡量单个人的工作量。

## 计件并不是解决工人生产效率的万能钥匙

说起生产工人的工资模式，很多人首先想到的是计件工资。很多之前没有采用计件制的制造型企业也都在积极探索这一模式，希望用计件工资模式来解决管理生产工人过程中的所有问题，但实际上，并非所有的操作工人都适合计件工资。在很多情况下，计时工资模式可能更适合操作型工人。

计件工资和计时工资两种模式有各自的优缺点和适用场景，我们来对两种模式做一个对比，如表9-3所示。

表9-3 计件工资与计时工资模式对比

| 项目 | 计件工资模式 | 计时工资模式 |
| --- | --- | --- |
| 含义 | 根据完成的产品数量或工作量进行激励 | 根据团队或个人的综合绩效情况进行激励，衡量内容通常包括工作量、工作质量、工作效率、工作纪律等 |
| 适用条件 | ■ 定额管理水平高，易于用数量衡量绩效，生产系统稳定且工作饱和，员工对完成数量的控制力强<br>■ 公司关注产品的数量和质量，且有配套完善的工艺、质量等管理措施 | ■ 计件制模式条件不具备或较不充分<br>■ 公司比较关注整体完成情况或按需生产<br>■ 公司关注员工能力的培养或者工艺的持续改进 |

（续表）

| 项目 | 计件工资模式 | 计时工资模式 |
| --- | --- | --- |
| 优点 | ■ 多劳多得，激励性相对较强<br>■ 简单，容易理解<br>■ 监督成本低，对管理人员的能力要求低 | ■ 收入相对稳定，员工安全感强<br>■ 除保证完成数量之外，可以促使员工同时关注质量、设备、材料消耗及持续改进等方面<br>■ 可以开展岗位轮换以及人员的跨班组、跨车间调动，有利于多能工、新员工的培养<br>■ 有利于培养员工团队合作意识和进行班组建设 |
| 缺点 | ■ 员工倾向于仅关注完成产品的数量，对质量、设备、工艺改善、成本等较少关注<br>■ 容易导向员工的个人利己主义，不利于多能工、新员工培养，不利于人员的跨团队流动<br>■ 不利于生产工艺、流程的系统改善 | ■ 激励性弱，员工间绩效收入差距不易被拉开<br>■ 对员工的绩效评估难度较大<br>■ 对员工日常工作的监控成本高，对管理人员领导能力要求高 |

## 生产工人对薪酬比较敏感

大多数生产工人付出的是体力劳动，这一群体的人往往对薪酬的数额非常敏感，细微的变化或者差异都可能引起他们的关注，这就对绩效管理提出了较高的要求。

## 工作重复枯燥，工作环境不佳

一线生产工人的工作多是一些重复性操作，长期下来会让人感觉枯燥无味，同时生产车间一般噪声比较大，工作环境不佳。

## 生产工人绩效赋能机制设计和运行的建议

基于以上这些特点，对于生产工人的绩效赋能机制设计及运行，我有以下几点建议。

### 绩效文化和绩效意识方面

对于一线生产工人在绩效文化和意识方面，我建议管理者做到以下几点。

#### 培养责任意识

一方面，一个工人往往负责的是某一产品、某一部分或者某一工序的生产，一旦产生失误，往往影响的是一系列工作的完成，尤其是复杂的技术型产品的生产，这会造成较大的影响。

另一方面，付出体力劳动的工人往往从事的是有一定危险性的工作，其工作失误有可能会对自身或者他人造成一定的伤害。

因此，责任意识的培养是一线工人意识培养的必备和常备工作。

#### 建立规则意识

在生产型企业待过的人都知道，著名的5S管理（整理、整顿、清扫、清洁、素养）是很多优秀企业必备的生产现场规则（在此基础上还有更严格的6S、7S或8S）。5S管理背后的一个基本原理就是规则意识，生产型企业往往是劳动密集型企业，有了规则意识才能提高现场管理的效率。

### 绩效赋能执行过程方面

在绩效赋能执行过程中，对于一线生产人员，我有以下几点建议。

### 不同类型的人员采用不同的绩效管理方式

就像前文对一线生产人员进行分类一样，针对不同的工作性质，其绩效管理的模式也不同，比如技术型工人可能更适合用个人绩效指标进行管理，团队型工人可能更适合用团队绩效或者团队计件进行管理。狼性文化属性的公司可能更合适计件工资的模式，而过程文化和佛性文化属性的公司可能更适合绩效工资的模式。

### 制定明确的绩效标准

生产工人的绩效标准分为两类。

一类是工作纪律的标准，即针对生产工人在工作现场应该遵循的纪律制定的奖惩标准。因为一线工人对薪酬比较敏感，而生产车间往往对纪律要求较高，所以从工作纪律角度来说，明确的奖惩标准是比较合理的管理方式，比如对迟到、旷工、工作现场抽烟等的现金惩罚标准，对提出优化建议的现金奖励标准，等等。

另一类是评价工作过程与结果的标准。这一类标准可以用绩效指标来确定，但是对一线工人的绩效指标打分标准最好能够完全将其数量化，以免引起他们的不满。

### 关注生产工人的个性化需求

生产工人多来自偏远地区或者生活条件较差的家庭，他们的需求往往比较实惠。因此，在绩效管理过程中，多给予工人一些有针对性的“小恩小惠”能更有效地激励员工。

## 员工发展方面

对于一线生产工人的培养发展，我有以下几点建议。

## 鼓励发展多能工

多能工就是具有操作多种机器设备或者完成多道工序能力的作业人员。多能工的发展有两种目的。

第一种目的是加强团队配合。多能工可以更好地衔接不同机器或工序，从而强化团队之间的配合。

第二种目的是作为空缺岗位的临时补位。当一个岗位出现临时性缺人（比如工人临时请假）时，多能工可以迅速补位，从而避免对生产造成影响。

针对多能工，公司需要建立相应的认证程序，并在认证之后对多能工给予相应的补贴，同时在多能工补位其他岗位时给予其一定的“照顾”。

## 利用工人的智慧

生产企业雇用工人都是为了操作机器制造产品，所以公司发放的工资都来自工人的直接产出。但是，被很多公司忽略的一点就是，工人带到企业的不仅仅是一双手，还有头脑里的智慧，尤其是近年来随着经济的发展和科技的进步，操作工作的知识水平在提高，这时候利用好工人头脑里的智慧可能会为公司带来意想不到的收获。《首席执行官》杂志曾刊登的一则小故事充分说明了这一点。

联合利华引进了一条香皂包装生产线，结果发现这条生产线有个缺陷：常常会有盒子里没装入香皂。总不能把空盒子卖给顾客啊，联合利华只好请了一个学自动化的博士后来设计一个分拣空的香皂盒的方案。博士后拉起了一个十几人的科研攻关小组，综合采用了机械、微电子、自动化、X射线探测等技术，花了几十万美元，成功解决了问题。每当生产线上有空香皂盒通过，两旁的探测器就会检测到，并且驱动一只机械手把空皂盒推走。

中国南方有个乡镇企业也买了同样的生产线，老板发现这个问题后大为恼火，对一个小工说："你给我把这个搞定。"小工很快想出了办法：他在生产线旁边放了台风扇猛吹，空皂盒自然会被吹走。

很多企业也会采用一些方式来充分利用工人的智慧，以下方式可以作为参考。

- 定期会召开工人座谈会。
- 赋予员工一定的权限，比如丰田给予生产线工人的随时拉停生产线的权限。
- 一线操作工人参加技改项目。

**加强班组长培训**

班组长作为一线主管，对工人的稳定、班组生产效率的提升有很大的影响，定期对班组长进行技能、管理培训是提升班组长能力的有效手段。

# 第十章

# 企业文化考核

企业文化对于一个企业的重要性已经不言而喻。从应用的角度来看，企业文化要想在企业发展中发挥实际效果，需要做到三个层面。

第一个层面是"有文化"。一般的公司都会有明确的企业文化，尤其是在成立之初就会提出使命、愿景和价值观（也称经营理念）。但是，很多公司的企业文化也仅仅做到了这个层面，使企业文化成为"纸上文化"或"墙上文化"。

第二个层面是"懂文化"。这里的"懂"包括两个方面。一方面，理解企业文化的真正内涵，很多公司的员工能熟练说出企业文化的内容，甚至倒背如流，却说不出对企业文化的解释。另一个方面，一个组织里所有人对文化的理解应该是一致的，很多公司的员工在解释企业文化的内涵时，一百个人有一百种说法，比如很多公司的价值观里都有"客户第一"这一条，但是有些员工对"客户第一"的理解是满足客户需求，有些人对"客户第一"的理解是引领客户需求。这些不同的理解会造成员工在行为上的不一致。为了让员工真正地"懂文化"，我建议公司对文化做进一步解释，尤其是对核心价值观要有进一步的行为方面的解释，这一点可以参照阿里巴巴的核心价值观。

第三个层面是“用文化”。用文化是指员工在日常工作中要根据企业文化尤其是核心价值观的要求来开展日常工作。用文化分为两个阶段。

一是文化形成的初期阶段。这时候企业需要“刻意用文化”，就是明确要求员工在工作中采用企业文化要求的行为。为了达到这个目的，企业常用的方式是核心价值观考核。典型的例子是阿里巴巴，阿里巴巴每个季度都会对所有员工进行一次核心价值观考核，所举的案例必须是当季发生的。为了做好核心价值观考核，阿里巴巴还用专门的文件详细说明了每个价值观的每条行为项（六条价值观，共三十个行为项）的考核要点和打分标准。

二是无意识的自发用文化阶段。这就进入了企业文化应用的成熟期，这时候核心价值观已经深入公司的每个角落，员工对价值观高度认同，并会在工作中自觉践行，这时候的关键是公司的各项制度、流程、机制等以价值观为核心导向来制定。典型的例子是华为，比如，华为强调以奋斗者为本，于是公司的各项激励政策都导向激励奋斗者。

这里我们来重点讲一讲用文化的第一阶段。因为第一阶段是所有企业文化能否落地的关键，公司不经历第一阶段很难进入第二阶段，第一阶段可以用公司的核心价值观来考核。

自从阿里巴巴对核心价值观实施考核之后，大家发现这是一种推广核心价值观的有效方式，而且如果我们能让核心价值观发挥更大的作用，那么这会是对员工最大的赋能。于是，很多企业纷纷效仿，但是阿里巴巴的方式并不是唯一的。下面介绍几种对核心价值观进行考核的模式与案例以供参考。

## 行为举证法

行为举证法，即用过去一段时间内是否发生符合要求的行为作为判断依据。行为举证法背后的理念是，“知不等于会，会不等于做，只有做才有价值”。

行为举证法实施的要点如下：

- 企业文化必须要有行为化的解释，这样才可以对员工的行为形成引导。
- 建立明确、细化的考核规则，只有规则明确并足够细化，员工才能有效操作，从而发挥预期的作用。
- 建立与绩效考核之间的关联，与绩效考核形成体系化的运行机制，比如我们常采用的九宫格模式，将绩效考核结果作为一个维度，将企业文化的考核结果作为另一个维度。行为举证法的实际操作可以参考阿里巴巴的价值观考核。

从企业文化属性的角度来看，行为举证法比较适合狼性文化属性的公司。

## 指标维度法

指标维度法是将价值观作为绩效指标的引导维度，所有的绩效指标都归入价值观的某一维度，前面提到的IBM的PBC在一定程度上就属于这种方法。PBC包含三个维度：结果承诺、过程承诺和团队承诺。IBM所有的员工都是在这三个维度之下确定更具体的目标，后来PBC被华为引进。虽然这三个维度不代表华为的核心价值观，但它们传达的意思也符合华为的价值要求。

这种方式的好处是将核心价值观的要求融入员工的关键工作，但是这种方式的关键问题在于，不是所有企业的核心价值观都适合作为绩效考核的维度，或者公司的价值观如果较多的话，就会导致绩效指标的维度过多。

从企业文化属性的角度来看，指标维度法比较适合过程文化属性的公司。表10-1为某公司以价值观为绩效指标维度的绩效考核表。

- 关键任务类：从上级工作分解而来的目标或者上级最关注的目标（体现“拿结果”的价值观）。
- 内部行动类：为了完成关键任务、客户目标或者为了长远发展，公司内部需要完成哪些行动（在完成这些指标的过程中是否体现“执行、执着、创新”的价值观）。
- 团队合作类：为了保证以上指标的达成或者团队能力的提升，团队在内外部交流、相互工作参与、相互理解、相互支持方面要做什么。这些内容如何体现团队协作和简单（在完成这些指标的过程中是否体现了“简单、团队协同”的价值观）。

## 行为奖励法

罗振宇说，他的公司有一种“节操币”制度，每个员工每个月可以获得10张节操币，每张相当于25元，这些节操币可以在周边的咖啡厅和饭馆随便消费，员工还可以获得打折和VIP（贵宾）待遇，公司月底统一与这些地方结账。节操币不能留给自己，必须送给同事。比如，谁在工作中给了你很重要的帮助，谁做了特别了不起的事，你都可以送一张节

表10–1　某公司以价值观为绩效指标维度的绩效考核表

| 绩效评价表 | | | | | | | |
|---|---|---|---|---|---|---|---|
| 被考核者： | | 岗位： | | 所属部门： | | 签署日期： | |
| 指标 | | 权重 | 实施措施、计划或目标 | 实际完成情况 | 自评分 | 评分 | 评分说明 |
| 关键任务类（拿结果） | 人员成本 | 10% | 少于15万元 | | | | |
| | 引入新客户 | 35% | 签约5家意向客户 | | | | |
| | 仓库改造 | 10% | 根据客户的标准制定改造方案 | | | | |
| | 国内、国际收入 | 20% | 15万元以上 | | | | |
| 内部行动类（执行、执着、创新） | 上海仓建立 | 5% | ■ 4月20日之前完成前仓库规划<br>■ 6月底之前完成仓库建设 | | | | |
| 团队合作类（简单、团队协同） | 技术培训 | 10% | ■ 组织进行一次内部交流<br>■ 组织一次客户交流会<br>■ 聘请外部行业专家进行一次培训分享 | | | | |
| | 跨部门配合 | 10% | 由其他人对部门配合情况进行评价 | | | | |
| 绩效评估总分： | | 被评价者（签名）： | | 评价者（签名）： | | | |

操币给他。送节操币时，你还要写上一句话，说明为什么要送给他这个节操币，而且要公示全公司的人。

节操币的送出代表的是员工的真实想法，因为要公示，员工对送出节操币的认真程度超出想象，公司每个月都会公布当月的“节操王”，每个人都能看到公示的数字和节操币的流转情况。年终时，获得节操币最多的人成为年度“节操王”，并获得当年的大奖，被奖励3个月的工资。一个人得节操币的数量，反映了他与其他人的协作程度。收到节操币少的人，会感受到强烈的压力，会很快自觉改善或者离开公司。公开透明的节操币，可以刺激员工间、小组间的横向协调。

这种“节操币”就属于行为奖励法，即针对员工的一些特定行为进行专项奖励。很多公司都有类似的奖励，比如，华住酒店的奖励支票也属于这种形式。

行为奖励法在很大程度上属于塑造企业文化的方式，这种方式一般要求员工有具体的行为表现，因此这种文化对推广企业文化能产生很大的作用。

从企业文化属性的角度来看，行为奖励法比较适合佛性文化属性的公司。

第十一章

# 绩效赋能体系实施的其他补充

前面我们主要讲的是绩效赋能体系本身，这一章我们跳出体系本身，从更广的角度来说明为了更好地实施绩效赋能体系公司可能需要的一些补充。

## 管理者应该具备的关键意识和能力补充

### 情感强度

什么是情感强度？我们先看一个关于杰克·韦尔奇（通用电气前首席执行官）的描述。

杰克·韦尔奇的一位老部下——美国NBC（美国全国广播公司）的安迪·莱克曾说：“杰克和我已经是8年的老朋友了，我们的妻子几乎天天见面。但如果我开始走下坡路或做了几个令人难以置信的愚蠢决定的话，那么我知道他一定会炒我的鱿鱼。他会拥抱我，会说他很难过，但是他对解雇我绝不会有半点儿犹豫。”

体会一下杰克·韦尔奇的做法，我们再来看一下情感强度的含义。这里我不从严格定义的角度来解释，只从管理的角度来理解。我们知道，管理就是管人理事，管人就会受到感情的影响，那么我们在管人的过程中表现出来的对情感的控制程度就是情感强度。

在长期的咨询中，我发现，企业在实施绩效管理过程中有一个很大的障碍，即处理不好情感强度问题，这里主要有两种表现。一是缺乏情感强度，其主要行为包括：对下级工作中出现的问题，我们不愿意当面指出；在绩效评分时，我们不敢对不好的表现打低分，导致绩效打分平均主义或轮流坐庄。二是情感强度过度，其主要行为包括：看见问题就严厉批评，绩效打分过低，从来不做绩效沟通或者绩效沟通中全程“批斗”。

在绩效管理中，缺乏情感强度会导致绩效管理流于形式，这是很多企业的绩效管理在实施中起不到效果的主要原因之一。而情感强度过度会导致员工害怕和反感绩效管理，从而使绩效管理失去了存在的基础。

在实际工作中，多数管理者最常见的表现是缺乏情感强度，那么怎样才能建立情感强度呢？从大量的项目中，我发现导致管理者缺乏情感强度的原因主要有两点：感情和面子。那么，我们只要在进行绩效管理的过程中适当抛开这两点，从就事论事的角度开展绩效管理就可以建立足够的情感强度。很多人担心增加情感强度会导致自己得不到下属拥护，但实际上，在这个知识型员工占主体的时代，优秀员工更希望自己在工作中能得到能力提升，缺乏情感强度反而会降低优秀员工的成长空间，长期以来会导致优秀员工认为管理者不会管理，最终降低了管理者的权威。我从对大量员工的访谈中也发现，“老好人”很难被认为是一个优秀的管理者。

实际上，如果我们将话题扩大到大管理的层面，那么工作中还有很多地方需要有情感强度。

- 自我管理层面：敢于接受在讨论中出现的分歧，敢于接受与自己观点相反但是正确的观点。
- 客户管理层面：在确定自己正确的情况下，敢于否定客户的观点，敢于提出自己的观点。
- 管理上级层面：敢于坚持正确的意见，在面对上级的批评时，要有足够的承受能力。

## 管理“五到”

绩效赋能体系是一种管理工具，操作这个工具的是人，既然是人在操作，人性对执行的效果就会起到较大的作用。那么，管理者应该怎样把握好人性呢？这里简单介绍一下绩效赋能实施的“五到”理念。

“五到”之说来自曾国藩，依靠这一理念，曾国藩基本做到了修身、齐家、治国、平天下。曾国藩的“五到”包括身到、心到、眼到、手到、口到，管理的“五到”也包括这五个方面。

首先是身到。身到是指管理者应该学会换位思考，设身处地地站在员工的角度考虑问题，甚至亲身体验员工的处境。很多时候，不在其位不知其难。管理者只有换位思考，才能理解员工在完成绩效过程中存在的困难，并针对困难提供辅导，从而帮助员工实现绩效目标。

其次是心到。心到是指管理者对员工的表现要用心分析，只有管理者用心，员工才能用心。

再次是眼到。眼到是指管理者要处处留心观察，能观察到微小的细节，细节往往决定事情的成败。

然后是手到。手到是指管理者对下属的表现优劣、事情的关键要点应随时记录，以防遗忘。所谓“好记性不如烂笔头”，就是这个意思，管理者只要做到这一点就可以在对员工评价时做到有理有据，防止近期效应和光环效应。

最后是口到。口到是指管理者要学会沟通，沟通是管理的灵魂。这里有两个方面的含义：一方面，管理者在布置任务、处理关键事情或教导员工时要不怕烦劳、反复苦口叮咛；另一方面，管理者要掌握沟通技巧，学会跟员工进行有效沟通。

## 做梯子型领导，不做盖子型领导

一个不到50人的小型企业，前几年发展得很快，却在这两年遇到了瓶颈，业绩始终稳定在一个范围之内无法突破，甚至有出现走下坡路的迹象。公司创始人其实早就意识到其中最重要的原因是中层核心人才没有达到要求，因为公司里所有的业务都是由这位创始人在把控，从公司的发展规划、企业文化到业务开拓、执行过程把控、招什么样的人、怎么用人，再到公司的宣传文案设计、PPT制作，事无巨细，无一不参与，而且无一不坚持自己的想法。

这位创始人想请我对公司做一个全面的组织诊断。我对该公司的大部分员工进行了访谈，发现公司内部有好几位一起创业的资深员工，并且一些新来的年轻人能力非常强，有想法，有冲劲，想干事。可是，员工认为创始人太喜欢掌控细节——即使对自己不熟悉的区域也不愿意放手，他们对此没有安全感，导致工作放不开手脚。基于这种工作环境，他们的工作激情逐步快被消磨了，他们在访谈中向我表达的更多是无奈和失望。

于是，我向创始人提出了两个问题：你认为你在公司里应该是其他人的梯子还是盖子？你认为当前在公司里面你是其他人的梯子还是盖子？

这里就涉及很多公司上下级之间容易出现的两种关系：梯子和盖子。所谓梯子，就是上级在工作中努力为员工提供发展空间、支持员工发展，自己尽量不显山不漏水，而像梯子一样支撑着其他人，并托着其他人向上发展，这种团队的发展是没有上限的。而所谓的盖子，就是上级成为别人发展的阻碍，而自己就像盖子一样，始终压着其他人，不让其他人突破（甚至是有意的）自己的能力范围，他在团队内部所有方面都要做最专业的专家。

梯子型领导的典型特征：

- 教练式管理。
- 经常表现出对下属的认可。
- 功劳归下属，问题归自己。
- 为下属提供机会，当下属的机会与自己的机会发生冲突时优先考虑下属的机会，会把控大方向。
- 在他人（包括客户）面前尽量展示自己的下属。
- 信任下属，充分授权，出现问题时与下属共同承担责任。

盖子型领导的典型特征：

- 监督式管理，事事掌控。
- 对下属没有认可，总会挑出下属提交的文件的问题，基本不会让下属一次性通过。

- 大部分功劳归自己，问题归他人。
- 可以为下属提供机会，但不能突破自己的掌控范围，因为没有安全感。
- 表面上好像信任下属，但实际上内心充满了不安全感。
- 自己各方面都要成为专家。

从企业的角度来看，企业发展的初期创始人或者公司的核心领导作为盖子是可以的，因为这时候企业正处在生死存亡的关键时期。盖子型领导可以更好地把控企业的发展，从而全力满足少部分客户的需求。但当企业度过了生死存亡期，企业要想有更大的发展时仅靠一两个核心领导显然是不行的，因为这时候客户群体更大了，客户的需求也更多元化了，而一两个人的精力是有限的，这时候就需要梯子型领导。

回到上面的案例，这位创始人对第一个问题的回答是“我应该成为其他人的梯子”，这是很多管理者思想上都有的高度。这位创始人对第二个问题的回答仍然是“我在公司里就是其他人的梯子”，他认为公司里的所有事情都是他在托着，没有人能帮他，这也是很多管理者容易有的想法，可这只是他个人的想法。关于这两个问题，我同样也问了他的下属，这些下属对这两个问题的答案是一致的，“创始人应该成为我们的梯子”，但是实际上“我们的创始人是我们发展过程中的盖子”。

从第三方的角度来看，这家公司已经度过了生存期，处在需要快速发展壮大的阶段，创始人需要转变角色成为梯子型领导，而且公司里需要有更多的梯子型领导，但这位创始人当前更多充当的是员工发展的盖子，这成了公司企业组织能力提升的障碍，而且是最大的障碍。

从企业创始人（高层）扩展到更大层面的所有管理人员，道理是一样的。

## 领导者的三重境界

我做管理咨询的时间很长，见过各种各样的企业，接触过各种各样的公司管理者，根据管理方式的不同，我把企业的管理者分为以下三种类型。

第一类是实践型领导。

特点：这类领导重视实践、重视经验，以自己工作实践中获得的经验来指导下属工作，对没有经过实践验证的方式、方法持排斥态度，不喜欢天马行空的想象。

优点：这类领导往往比较踏实、稳重，执行力比较强，承诺的事情往往容易落地。

缺点：这类领导往往创新不足，过于注重经验与实践，这样不仅自身发展受到限制，也会在一定程度上限制下属的发展。

第二类是逻辑型领导。

特点：这类领导注重掌握事物的底层逻辑，能够举一反三，虽然很多事情没有做过，但是仍然能很好地完成或者指导他人完成。

优点：这类领导的学习能力很强，在遇到任何问题时都能迅速找到解决办法，而且到任何地方都能“即插即用”。

缺点：实践中，逻辑往往不一定是最合适的，这类领导容易陷入“看起来很美”的误区，做出来的方案容易逻辑正确、执行困难。

第三类是想象型领导。

特点：这类领导根据自己想象的场景、自认为的样子或者逻辑来开展工作，他们往往不相信别人的说法，只相信自己的判断。

优点：这类领导很自信，他们可以不受传统或者逻辑束缚，比较有创新精神。

缺点：这类领导往往自我感觉良好，不愿听取他人的想法，长时间下去往往容易招致他人反感，而且不利于下属的成长。

一般情况下，一个管理者不会只属于一种类型，但往往会在工作中表现出倾向于某种类型。一个好的绩效责任人应该以第二种类型为主，其他两种类型为辅。

## HR应具备的关键意识和能力补充

随着国家鼓励创业政策的出台，各类创新性、科技型的企业如雨后春笋般纷纷建立，这类企业的核心是人才。同时，随着中国对外大门加速敞开，传统企业的政策红利消失，外部竞争加剧，人才在企业中的重要性越来越凸显，这对企业的人力资源管理来说既是机遇也是挑战。为了应对这些机遇和挑战，HR需要具备以下几个“关键”。

### 两个关键意识：顶层意识与底层意识

顶层意识就是要能站在更高一层的角度思考问题。阿里巴巴在对政委的要求中有一点叫“揪头发”，讲的是：政委一方面要有一定的高度，能上一个阶段看问题，把问题揪出来，提高员工对问题的认识；另一方面要有全局观，能多方位、多角度看问题。

底层意识就是HR能站在广大基层员工的视角看问题，对广大基层员工能有同理心，能想员工之所想。很多员工对HR的评价不高、满意度低的一个很重要原因就是，HR给人的印象是“高人一等”，主要是因为这些公司的HR往往只是站在自己的角度用自以为很专业的方式思考和解决问题，这种“自娱自乐”的思维方式会阻碍其价值的真正发挥。

## 两个关键能力：逻辑思维与系统思考

逻辑思维的方式有很多种：由内而外、由远及近、由重要到不重要、由多到少、由大到小、由粗到细，这些是简单的逻辑思维；由点到面、由无关联到有关联、由已知预测到无知、从简单中衍生复杂、从复杂中提炼简单，这些是复杂的逻辑思维。简单的逻辑思维可以使人想问题更加全面，复杂的逻辑思维可以使人透过表面看到问题的本质，从而做出精准的决策。HR只有具备逻辑思维能力才能更好地为公司、员工创造价值。

我们做的任何事情都不是孤立的，HR的工作尤其如此，因为HR的任何一个决策或者改变都关系到员工的切身利益，都是牵一发而动全身，所以HR尤其需要系统思考的能力：对任何事都能从事件本身以及其可能带来的长期影响、短期影响等各方面来全面思考，从而系统化地解决问题。

## 两个关键技术：敏捷做事与创造价值

敏捷代表的含义是“迅速+正确+迭代”。迅速就是做事的速度要快。正确就是要做事的方向要正确。正确不代表精确，精确是在执行过程中通过迭代逐步实现的。

“创造价值”这个词似乎离企业HR很遥远，因为在大部分人的印象中，创造价值的是研发、销售、生产等业务部门。实际上，HR是最容易创造价值的，因为HR服务的是公司价值最大的资源——人力资源。那么，HR怎样创造价值呢？这需要HR首先有创造价值的思维意识，始终将为公司创造价值放在工作的第一位；其次对公司的业务有足够的理解，理解公司的业务才能理解员工的所思所想；最后要能站在业务的角度用

HR专业解决问题，适合业务需求的HR解决方案才是最好的方案。

## 两个关键“知识”：专业知识和广博知识

在这个快速发展的时代，企业对T型人才的需求越来越强烈，“T”中的“—”（横）表示要有专业相关知识的广度，“T”中的“|”（竖）表示要有工作所需专业知识的深度。深度的专业知识可以让人成为某一个方面的专家，从而更好地解决问题。广博的相关专业知识可以让你跟其他人有更多的共同语言，从而获得更广泛的认同。在企业中，要“上通下达”的HR成为T型人才尤为关键。

## 一种关键性思维方式：HRBP的思维方式

自从戴维·尤里奇提出人力资源管理三支柱理论、IBM成功实践人力资源三支柱体系以来，中国的许多企业不断地将自身的人力资源管理向三支柱方式靠拢。由于文化的不同，为了保证三支柱的有效运行，许多优秀企业在实施过程中都根据自身的情况对HR三支柱进行了本土化处理，比如阿里巴巴的政委体系，腾讯的SDC（人力资源交付中心，对应的是三支柱中的SSC）。

在三支柱中，对HR改变最大的应该是HRBP。很多公司在进行三支柱转型时纷纷将实施HRBP作为转型的核心。但我发现，很多企业的HRBP最后成了业务部门的招聘专员、人事专员甚至行政专员，从而脱离了HRBP的初衷。

那么，我们应如何理解HRBP呢？我认为，HRBP首先是一种思维方式，然后才是一种角色。HRBP的思维方式不仅是HRBP这个角色应该有的，而且应该是所有HR应该有的，因为所有的HR都是在为业务部门服务或提供支持的。

如果把HRBP当作一种思维方式，那么再扩展一下，这种思维方式是否只用在HR身上呢？换句话说，大部分人对HRBP的概念是，HR要有BP的思维方式。那么，业务部门是否应该有HRP的思维方式呢？答案是肯定的，因为对员工进行日常管理的是部门负责人，他们只有懂HR才能更好地管理团队。

总结一下，HRBP首先应该是一种思维方式，这种思维方式由两个方面组成：HR的BP思维和业务部门的HRP思维。在企业管理中，这两个方面只有相互配合好才能真正发挥人力资源的价值。

## 企业应该学会用绩效赋能“反哺”企业管理

某公司在做一个绩效赋能体系的项目，由于该公司是一个新建的公司，其各方面的体系建设还不够健全，公司高层的几位领导对应该先设置考核目标还是先进行基础管理体系（比如供应商数据库、呼叫中心等）建设争论不休。由于董事会对总经理有考核指标，所以总经理认为应该尽快把指标分解下去，但分管运营的副总经理认为，如果没有基础管理体系，那么这些指标即使分解下去也毫无意义。争论一时陷入了僵局。

其实，不仅是新公司，许多已经发展了很长时间但基础管理制度不健全的公司，都存在这类问题，我在很多咨询项目中都遇到过员工提出类似问题来质疑绩效管理实施的意义的情况。

那么，到底是应该先设置目标还是先建立基础管理体系呢？

我认为，两者其实并不矛盾，而是相辅相成的，问题的关键在于设置的目标应该结合基础管理体系建设的情况，同时在进行基础管理体系建设时也应该考虑对实现考核目标的影响，用目标作为牵引可以使基础管理体系建设不偏离轨道，同时也可以激励员工在基础管理体系不健全的情况下仍能通过其他手段完成目标。

管理可以影响目标的实现程度，目标也可以反过来促进管理的改善，这就是绩效赋能体系对管理的“反哺”作用。

第十二章

# 案　例

## B公司绩效赋能体系搭建的全过程

这里我以一个典型客户为原型来说一下绩效赋能体系搭建的全过程。这家公司遇到的问题是我在多年的咨询实践中经常遇到的，希望该案例对读者在理解和设计绩效赋能体系的过程中有一些帮助。

B公司成立于2012年，是一家地处某二线城市的互联网企业，公司发展迅速，每年的增速超过一倍。在其营业收入接近2亿元的时候，公司的创始人发现原有的以创始人个人能力为核心的领导方式已经逐步成为公司快速发展的障碍。于是，创始人于2017年决定放慢公司的发展速度，腾出精力对组织能力进行升级，主要举措有两项。

- 为了招揽高级人才，公司在几个一线城市成立了分公司，招聘了一大批在一线城市和大企业有过成功经验的优秀人才，并组成了由七个人组成的核心管理团队，每人负责一个版块的业务，但是工作内容并不固定，会根据需要随时进行调整。

- 学习华为，在招揽人才的同时聘请多个不同领域的咨询公司分别对公司的不同模块进行升级改造，绩效体系的改造便是其中之一。

我与B公司从2017年10月开始合作，该公司之前有初步的绩效考核机制，基本做法如下。

- 部门负责人及以上没有绩效考核。
- 员工的绩效指标主要由上下级共同讨论决定，但是指标的来源更多是岗位职责和上级个人判断。
- 打分采用百分制，结果按照“实际得分/100”来确定考核系数并跟员工奖金挂钩。

在6个月左右的合作时间里（在体系搭建完成之后，我们又签订了对整个人力资源管理体系进行优化升级的常年服务合作协议，合作一直延续至今），我协助该公司搭建了基于绩效赋能的绩效管理体系，整个体系搭建的基本流程如下。

- 先快速搭建整体框架，然后在框架的基础上对细节进行充实和调整。
- 在整个过程中，通过多次的培训和大量的沟通对管理者和基层员工进行绩效意识的培养，员工绩效意识培养的重要性大于体系搭建的重要性。
- 向HR和员工灌输“先僵化、后优化、再固化”的思想，在体系搭建的过程中不过于追求方案的正确性和员工的全部满意情况，而是在后期的执行中对其进行逐步优化和调整。
- 在体系搭建的同时逐步建立初步的绩效文化，并在体系运行一段时间后确定正式的绩效文化。

- 在体系搭建过程中，注重方法论的转移。为了体现这个思路，我要求该公司的人力资源部负责人和绩效专员必须全程参与项目，在某些情况下还要进行项目方案的设计、沟通与宣导，以保证他们能充分掌握绩效赋能体系设计的思想和方法，为后续体系的优化和固化打下基础。

在这些基本思路的指导下，整个体系的搭建过程如下。

## 前期调研

我通过访谈和问卷调研的方式了解员工对当前绩效考核的想法和对绩效管理体系的理解，经过两个星期的调研，我总结出几个关键点（调研的过程远比以下内容要复杂得多，前期调研只是其中的一部分，整个项目的推进过程也是继续对公司进行更深入了解的过程）。

- 公司是狼性文化属性。B公司一直在学习华为的企业文化，而且学习得很彻底，企业文化基本复制了华为的企业文化，而且文化的融入做得非常到位，员工整体对公司的文化和工作氛围感到满意。
- 在管理上，B公司同样采用了华为的三高政策，即“高效率、高压力、高工资”。由于公司的激励及时且力度大，员工可预期的收入高，员工的干劲儿非常足。
- 核心管理团队的团队意识和执行力强，这些人的价值观非常符合公司发展的要求。
- 员工的执行力和自我管理能力非常强，只要公司需要，员工愿意随时为公司奉献更多。
- 员工对绩效管理的理解就是绩效考核，一提到考核就想到了扣分，然后就是扣工资，因此普遍对绩效管理感到恐惧。

- 现有的绩效指标有相当一部分是定性指标，上级在打分时靠主观判断，管理人员普遍希望绩效指标能全部被量化，即在打分的时候完全不需要人为判断。
- 在绩效结果的应用上，现有的方式已经趋向于大部分员工都接近100的分值，而且相互之间的分值非常接近，员工普遍对可能实施的强制分布的方式感到担忧和不理解。

## 绩效赋能体系框架搭建

在以上调研的基础上，为了体现一个全局化、系统化的概念，我根据自己的初步理解以及过往经验，快速设计了公司的绩效赋能体系框架，如表12-1所示。

表12-1 B公司的绩效赋能体系框架

| 编号 | 类别 | 说明 |
|---|---|---|
| 1 | 整体导向 | ■ 战略导向：指标由公司总体战略从上而下分解而来<br>■ 组织绩效为主，岗位绩效为辅：公司注重团队负责人的绩效考核，团队内部各岗位的绩效考核基本框架和程序由公司确定，细化的方案和具体实施由团队负责人确定<br>■ 事前管理：将绩效管理的重心放在考核前<br>■ 应用导向：重视绩效考核结果的应用 |
| 2 | 指标 | ■ 以从上到下的战略分解为主确定指标，辅以阶段性重点工作及岗位重点工作<br>■ 指标的制定符合SMART原则<br>■ 指标数量以3～5个为主，最多不超过7个，指标及目标值的确定应获得上下级的共同认可<br>■ 在指标确定之后，建议员工制订以一周为周期的计划 |

（续表）

| 编号 | 类别 | 说明 |
| --- | --- | --- |
| 3 | 过程管理 | ■ 建议部门管理者每月就绩效指标的完成情况进行沟通<br>■ 建议上下级之间每季度至少进行一次面对面的单独绩效沟通 |
| 4 | 评估与结果 | ■ 由直接上级进行评估<br>■ 评估采用上下级面谈的方式，分值采用五分制：将3分作为基本达成情况下的得分，将4分和5分作为加分项，将1分和2分作为扣分项<br>■ 结果的分布：员工的考核结果强制分布为A、B、C、D、E五档，其中E档作为灵活使用的档级，不进行强制分布 |
| 5 | 结果应用 | ■ 强化绩效结果的应用<br>■ 作为季度奖金和年终奖的发放依据<br>■ 作为员工年度调薪的依据<br>■ 作为职级通道晋升的依据<br>■ 作为对员工培养的依据<br>■ 根据需要可以把考核结果应用在其他方面（调岗等） |

## 员工意识培训（绩效赋能体系导入培训）

在同HR初步沟通了绩效赋能体系的框架之后，我决定对该公司的全体管理人员（公司主管以上级别的员工）进行一次绩效赋能体系的概念性培训，这次培训的目的不是让大家知道绩效赋能体系方案的内容，而是给大家先普及绩效赋能体系的基础概念。同时，考虑到很多人对绩效考核的印象过于深刻，这次培训的目标也没有定为让大家彻底理解绩效赋能体系，而仅仅是让大家对这个概念有一个系统性的了解。

培训设置了多个环节的讨论和问答，整个培训过程基本顺利。在培训过程中，我可以明显地感觉到有些人对绩效赋能体系未来的实施信心十足，有些人则对这个项目的效果以及能否达到培训所说的目标持观望态度，当然大部分人对此还是充满期待的。

通过这次的培训，我并不试图让所有人都完全理解绩效赋能的本质逻辑和实施过程，只要能引起大家的兴趣和关注，以及能为员工初步导入绩效赋能的概念就已经达到目的了。

后续随着大家对绩效赋能体系理解的深入，我又进行了多次培训，并跟所有的管理人员和部分核心员工进行了多次一对一沟通，以保证大部人能充分了解绩效赋能体系，并正确理解自己在绩效赋能体系中的角色和责任。

## 指标来源方式设定与战略解码

在第二步中，我初步确定了指标设定方式。在培训之后，我同公司的总经理进行了沟通，沟通的核心是战略指标的来源。

确定战略指标的前提是公司要有战略方向。总经理表示，虽然公司没有正式的战略规划，但是公司的高管讨论过很多次并基本确定了未来的发展方向。在经过一个上午的详细沟通之后，我们确定了公司未来三年的战略方向：增加互联网客户对接能力，提高品牌影响力，提升公司价值，并在此基础上确定了几个未来发展的侧重点。

基于该发展方向与侧重点，我们召开了包括公司所有部门负责人及以上管理人员、部分核心员工在内的战略解码会议，通过团队共创的方式形成了B公司的战略地图（见图12-1）、平衡计分卡（见表12-2）与行动计划表（见表12-3）。

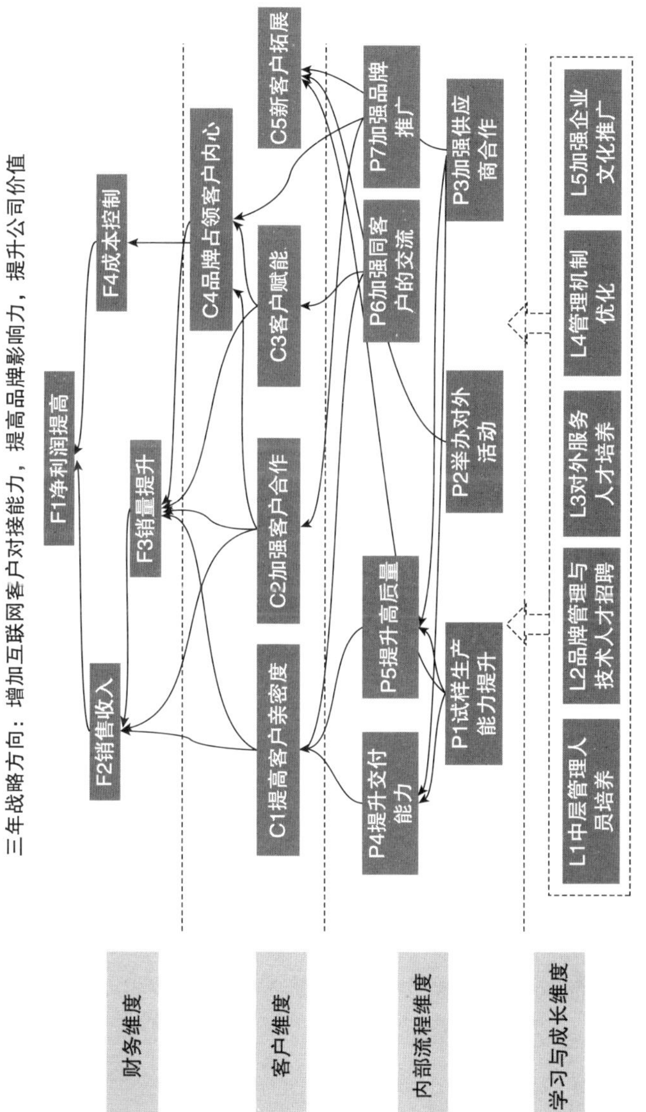


图 12-1　B公司战略地图

表12-2 B公司平衡计分卡（部分）

| 维度 | 战略目标 | 衡量指标 | 目标值 | 责任部门 |
|---|---|---|---|---|
| 财务维度 | F1净利润提高 | 净利润 | ××亿元 | — |
| | F2销售收入 | 销售收入 | ××亿元 | 销售部 |
| | F3销量提升 | 销售量 | ×× | 销售部 |
| | F4成本控制 | 成本降低 | 不超过5% | 生产部 |
| | | 资金周转率 | 不低于4次 | 财务部 |
| 客户维度 | C1提高客户亲密度 | 客户见面会举办次数 | 4次 | 品牌部 |
| | C2加强客户合作 | 推出客户参与设计的产品 | 10款以上 | 销售部、生产部 |
| | C4品牌占领客户内心 | 奖项获得次数 | 2次 | 品牌部 |
| | C5新客户拓展 | 拓展新国家 | 2个 | 市场部 |
| 内部流程维度 | P1试样生产能力提升 | 完成试样生产量 | 10 000个 | 生产部（开发车间）、技术部 |
| | P2举办对外活动 | 产业链研讨会 | 每月一次 | 筹备小组 |
| 学习与成长维度 | L1中层管理人员培养 | 培训课时数 | 人均48小时 | 人力资源部 |
| | L3对外服务人才培养 | 对外服务人员配备情况 | 月底之前完成 | 人力资源部 |
| | L4管理机制优化 | 管理机制优化计划完成率 | 100% | 人力资源部 |

表12-3　B公司2019年度行动计划表（单个指标）

| 指标名称 | 拓展新国家 | 2019年目标值 | 2个 | | | | |
|---|---|---|---|---|---|---|---|
| 主责部门 | 市场部 | 协助部门 | 销售部 | | | | |
| 关键举措 | 预计目标 | 事件/行为分解 | 应完成时间 | 责任人 | 参与人 | 资金需求 | 人力需求 |
| 参与“一带一路”展会 | 寻找一家国外代理商 | 了解展会资源 | 2月底前 | 市场部 | 外销部 | 5万元/次展会 | 寻找外部翻译 |
| | | 准备展会资料 | 2月底前 | 市场部 | 外销部 | | |
| | | 每季度参与一次展会 | 每季度 | 市场部 | 外销部 | | |
| 加强同供应商××公司的合作 | 同一家外国合作伙伴合作 | 总裁拜访一次××公司 | 第一季度 | 市场部 | 外销部 | 6.5万元左右 | — |
| | | 争取签订战略合作协议 | 第一季度 | 市场部 | 外销部 | | |
| | | 拜访一些有意向的外部合作伙伴 | 2家/季度 | 市场部 | 外销部 | | |

为了保证战略解码的有效实施，公司同时决定成立战略委员会，并由战略委员会负责如下事项。

- 每月跟踪公司战略目标的完成情况。
- 每季度根据上季度的实际情况对后续的平衡计分卡及行动计划表进行微调，并据此确定每个部门的战略指标。
- 每半年对战略地图进行一次重新讨论和修订。

## 绩效赋能体系框架修订与细化

在战略解码之后，部门及以上级别的核心指标已经基本形成，在这些指标基础上结合季度工作计划就形成了部门及以上级别的季度指标。

接下来，我同公司的几个核心高层就前期形成的绩效赋能体系框架进行了一次研讨，以对框架内容进行有针对性的修订。在讨论之前，我再次为这些人员进行了一次关于绩效赋能体系的培训以及问题解答。这次培训的过程非常开放，我们事先约定大家在培训过程中有任何问题可以随时提出，因此整个培训过程更像是一个解答问题的过程。之后的讨论环节延续了培训中的热度，因此讨论非常充分，效果也非常明显，最终形成了以下几个观点。

第一，对公司的七个核心管理者采用OKR的方式进行绩效管理，公司这么做是基于以下原因。

- 这七个核心管理者是公司的资深员工，对公司文化高度认同，同时这七个人也是经过公司长时间的选拔和考察沉淀下来的，公司给了这七个人不少数量的股票，这七个人在工作中具有强烈的内在动机。
- 公司整体是开放的，公司创始人对这七个人高度授权，而且这七个人的工作范围也不是完全固定和被限制的，只要他们有意愿，公司就愿意给他们机会做任何他们认为对公司发展有益的尝试。
- 在管理上，这七个人都有大型企业的管理经验，而且我通过与他们多次接触之后了解，这七个人的管理能力都比较强，在公司内部有较高的威信。

第二，其他人仍然采用传统的KPI方式。这是因为公司之前采用的就是这种方式，大家已经习惯了，而且由于公司发展较快，这些员工在公司的时间不够长，还需要外在动机驱动。

第三，将强制分布结果减少为四档。其中，前三档强制分布，最后一档作为部门负责人可以灵活使用的档级。另外，前三档分布采用幂次分布的形式。前三档对应的绩效系数分别为2.0、1.5和1，为了提高激励力度，最后一档的绩效系数为0.6。

第四，从部门负责人开始，分布结果采用上下传递的方式，即部门的结果越好，部门内部可以强制分布的优秀人员的比例越多。

第五，结果公示，公司提倡狼性文化，鼓励内部竞争、注重结果，每次绩效结果出来后在公司内部群里进行全面公示。

第六，强化绩效三沟通。

- 每次确定的绩效指标必须经由上下级沟通并达成一致。
- 在每月月初第一周，上下级必须就绩效目标的完成情况以及能力提升计划的执行情况进行一次沟通，沟通可以采用部门会议的形式。
- 在每次绩效结果出来之后和公司整体结果公布之前，公司必须进行一次上下级之间的面对面沟通以确认结果，并确定下级下个季度需要提升的能力及计划。

第七，强化对员工发展的刻意培养。

- 在每次评估结束后的两周内，上级需结合员工日常工作表现针对但不限于C级员工制订能力提升计划。每个员工的能力提升项不少于两项，不多于四项，能力提升计划必须提交人力资源部备案。
- 在需要的情况下，公司的企业大学会全力配合能力提升计划的执行，为了规范管理人员和企业大学的分工，员工提升计划中至少一半的能力提升项应该由部门完成（可以有其他部门协助，但是需要员工所在部门的部门负责人牵头来协调资源），其余的能力项可以交由企业大学负责配置相应课程或者寻找相关资源。

- 部门负责人至少每月同员工一对一沟通一次，沟通的主题为能力提升计划的执行情况及员工能力的提升情况。在必要情况下，部门负责人可以修改提升计划的内容。沟通记录表必须提交人力资源部备案。
- HR有监督、审核各部门提交文件的权利。HR如果认为文件不合理，就可以直接将其打回相关部门，让该部门重新提交。在再次提交不合格的情况下，该部门当季度的绩效等级在实际等级的基础上降低一个等级。

## 员工指标分解与修订

### 核心管理层指标

核心管理层采用OKR的方式，在战略解码的基础上，我根据分管业务的不同采用团队共创的方式确定了每个人的目标和关键结果。

### 部门长的绩效指标

根据平衡计分卡中指标的责任部门以及行动计划表的分解，我确定了每个部门的战略指标。每季度公司的部门长级会议会确定各部门战略指标之外的重点工作，继而提取战略之外的指标。

### 员工的绩效指标

在确定了部门长的指标之后，我召集各部门长带领部门内部2～3名员工进行了一次为期半天的价值树分解方法实操培训。在培训中，每个部门从自己的战略指标中选取一个进行分解。

在培训后，各部门负责人带领部门内部员工采用价值树分解的方式进行员工指标分解。

在各部门指标分解基本完成之后，我协同人力资源部分别同每个部门进行部门内各岗位指标沟通，修正了一些错误的做法，解答了一些疑问。在此基础上，我总结了一些部门常见的关于绩效赋能体系的误区，为后续的宣讲做准备。

## 绩效管理制度的制定与宣讲

在前期工作的基础上，公司制定了相应的绩效管理制度，以保证绩效赋能体系的严肃性与延续性。

同时，我将最终方案在公司内部进行了宣讲，宣讲分为两个阶段：第一个阶段由顾问对公司的管理人员进行宣讲，宣讲的过程也是答疑的过程；第二个阶段由人力资源部到各部门进行宣讲和答疑，顾问作为辅助人员协助宣讲和答疑。之所以第二阶段由HR作为主宣讲人，是因为我们想通过让HR直面员工来体会员工对绩效赋能体系的想法和疑惑，这个过程也是提升HR理解绩效赋能体系的过程。刚开始的时候，HR有点儿不适应，甚至在面对各种问题时会不知所措（由于有顾问支持，所以问题全部现场进行了解答），但是走过几个部门以后，HR逐步可以做到应对自如了，而且其认知程度会进一步加深。

## 运行辅导

整个项目的设计阶段在当年12月中旬全部完成，在次年1月开始正式实施，实施过程分为两个阶段。

## 试运行阶段

试运行阶段包括第一季度和第二季度。在试运行开始之前，为了保证试运行的规范性和严肃性，我给公司的人力资源总监发了一封电子邮件，其核心内容摘抄如下。

### 推行的总体原则

我建议绩效执行的总体程序是“先僵化、再优化、再固化、再优化”。公司刚开始更多的是按照标准程序执行，之后根据执行效果进行不断优化，等优化接近最优时再把关键的内容固化下来，可以对一些不适用的地方再次进行优化。

### 关于本次试运行

人力资源部要提前同公司高层达成共识，让公司高层全力支持绩效赋能体系的实施（在必要情况下，顾问可以参与沟通）。执行开始时出现的问题或者不同声音要以人力资源部的说法为准。

本次试运行要覆盖所有人员，所以需要提前考虑整个流程及安排细节，我建议从体系实施的关键节点倒推和正推其他时间的安排，并建立推进时间表，推进过程中的任何问题随时沟通解决。

### 关于绩效运行的其他说明（主要是我在实践中的一些关键性经验总结，仅供参考）

绩效赋能是一个持续优化的过程，不可能一步到位，试运行的关键是，让所有人熟悉流程，使其对绩效有一个整体认知，之后才是逐步优化细节。因此，在试运行期间，我们不要过于纠结结果的准确性。

人力资源部要建立以部门绩效为主、员工绩效为辅的执行理念。一是因为只要部门长重视了，部门内部的推行就容易了；二是因为人力资源部的精力是有限的，人力资源部应该先从重点抓起。

公司在绩效执行中肯定会遇到一些阻力、反对意见或者执行不到位的情况，不能因此否定或延缓绩效的执行，对绩效的推行一定要坚决。

在不违背公司整体绩效框架的前提下，我建议在部门内部的绩效管理上多给该部门长一些自主权（比如考核方式、指标的内容等），因为部门长更了解部门。有些部门长自己的管理方式可能更适合该部门的实际情况，同时部门长是部门的首要负责人，有自主权不仅有利于其管理部门，也有利于倒逼他们提升自己的管理能力。

在第一阶段的试运行期间，虽然公司前期有各种准备，但在实际操作的时候还是遇到了很多的阻力，这些阻力主要来自各部门的部门长（跟我之前预计的差不多）。在没有具体实施之前，这些人在理念上都没问题。但是，当触及对之前工作习惯的改变时，这些管理者就开始感到不适应，就开始下意识反对。这些部门长的反对理由非常多，主要的理由如下（括号内为我的答复）。

- 公司的发展应该以业务为主，用这么多时间做这些事还不如多花点儿时间跟客户沟通（业务与管理应该是并行的，任何一个发展不好都会成为公司发展的瓶颈。绩效管理本身是一个重要的管理动作，我们花一点儿时间和精力是必要的，而且我们在绩效管理刚开始的时候由于不熟练可能会花较多的时间，这是必须经历的一个过程，等绩效的各个程序成为习惯后，大家其实也花费不了太多时间）。
- ××指标设置不合理，目标值太高，完成不了（如果这一次的目标值太高，那么我们在制定下一季度的目标时可以适当降低目标值，但本次为了维护指标的严肃性，必须按照实际进行打分；否则，一次开口就容易多次开口，开口多了容易导致绩效赋能的过程失去意义）。
- ××员工太固执了，我没法跟他沟通（这是沟通技巧的问题，你可以多学一学沟通技巧，但是不能因为这个问题而否定绩效体系）。

- 我们部门的员工都表现比较好，绩效结果要强制把一些人的等级打得比别人低，这不公平（绩效结果采用的是赛马机制，赛马不分好坏，只分快慢，绩效结果分级的本质不在于区分好坏，而在于通过区分快慢的手段促使每个人做得更好）。
- 我们部门的员工认为他们的指标太难完成，这跟其他部门相比不公平（绩效结果采用的是部门内部赛马的机制，部门内部员工指标的难易程度基本上是一致的，员工在部门间是不存在对比的。在制定指标目标值时，我们一定要做好分析，制定合适的目标值，目标值的制定不能随意）。
- 外部形势不好，销售部门得分太低，这不公平（有些部门尤其是销售部门可能有一段时间的指标很难完成，但是会有另一段时间指标很容易完成。总体上，这是公平的。当然，如果公司管理层从整体上判断确实是外部客观环境或自身无法避免的因素造成目标无法完成，那么你可以在高层确认之后修改部分指标的目标值）。

在第一阶段的第一、二次试运行结束后，我分别对运行中出现的一些不适合公司情况的细节和程序进行了修订，并在每次修订结束后同人力资源部门一起为所有员工做宣导和问题解答，保证大家充分理解绩效赋能体系的逻辑与实施的意义。

## 正式运行阶段

在试运行结束后，公司进入正式运行阶段。正式运行阶段同试运行阶段的最大区别是，逐步将绩效赋能体系运行的主要责任赋予部门负责人，人力资源部门主要承担执行监督、程序解释、部分问题协助解答的工作。同时，在这一阶段，从力资源部门重点开始关注绩效指标的正确性和评估结果的准确性，以保证绩效体系能支撑公司战略的实现。

### 绩效文化原则提炼

在绩效赋能体系试运行结束后，为了保证绩效运行的高效，结合试运行中遇到的问题和误区，我召集公司的中高层进行了一次关于绩效文化的共创，形成了B公司的绩效文化原则初稿。在正式运行两个季度后，我重新对绩效文化的原则进行了修订，最终形成了B公司绩效文化六大原则，并运用至今。

第一条：赋能，而不是考核。

第二条：成长更重要，永远思考如何提升。

第三条：至少每月沟通一次。

第四条：昨天的最高目标是今天的最低目标。

第五条：做比说更重要。

第六条：结果导向。

这里需要说明的是，在试运行之后才开始建立企业文化的原则是，通过试运行和正式运行才能真正暴露绩效赋能体系在实际中存在的问题，这时候总结出来的文化原则更有针对性和指导性。

## S公司的核心价值观考核

S公司是一家做产品分销的公司。近年来，S公司稳步发展，每年都能取得不错的增长，公司的创始人非常重视企业文化建设，但是由于公司的大部分人员都是销售人员，分散在全省各地，创始人非常担心随着公司的发展壮大，公司长期以来坚持的企业文化会弱化，从而影响公司的长期发展，因此如何更好地推广企业文化成为创始人的烦恼。

在经过几次沟通以后，我们确定了合作的内容，即重新优化、讨论当前的企业文化并建立企业文化的考核机制（主要是核心价值观的考核，下同）。

我们围绕“有文化、懂文化、用文化”的流程搭建整个项目。

## 通过团队共创实现“有文化”和“懂文化”

在经过前期的调研（访谈及问卷）之后，我召集公司的高层、中层及部分核心员工，通过两次共计四天的团队共创形成了新的企业文化内容。其中，核心价值观包括三个部分，即项目、说明以及行为项。我称新的核心价值观为“四叶草”价值观，该价值观共包括四大项，每项下设置四个行为项，部分核心价值观内容如表12-4所示。

表12-4　S公司的核心价值观（部分）

| 项目 | 说明 | 行为项 | |
|---|---|---|---|
| 务实进取 | 务实是公司的生存原则，进取是公司的发展原则 | 1 | 分内的工作坚决执行，脚踏实地干好本职工作 |
| | | 2 | 实事求是，不作假，不瞒报 |
| | | 3 | 持续付出不亚于任何人的努力，每日反省、精进 |
| | | 4 | 有理想，勇担当，敢于挑战高目标 |
| 拥抱变化 | 面对快速变化的环境，敢于主动求变 | 1 | 积极主动，乐于接受新事物 |
| | | 2 | 面对变化，不抱怨，不推诿，主动积极影响他人 |
| | | 3 | 有前瞻意识，不断开拓新思路，建立新方法 |
| | | 4 | 主动持续学习，完善自我，引领变化 |

## 确定核心价值观考核标准

在同公司的核心管理层多次研讨之后，我确定采用积分制的方式进行核心价值观考核。核心价值观的考核积分将直接作为员工价值观工资（公司原有的薪资架构中含有企业文化工资）的确定依据。价值观积分制考核的核心内容如下。

### 打分依据

- 对每条核心价值观下的每条行为项进行打分。
- 打分以员工是否表现出价值观要求的行为为依据，采用案例举证法，所举的案例必须是当期发生的事件，且由员工本人进行举证。
- 部分行为项不需要案例举证，只要不发生负向案例或者打分人不能举证出负向案例就可得分。

### 是否需要举证说明

表 12–5 为是否需要举证说明表。

表 12–5 是否需要举证说明表

| 项目 | 行为项 | 是否需要举证 |
| --- | --- | --- |
| 务实进取 | 分内的工作坚决执行，脚踏实地干好本职工作 | 不需要 |
| | 实事求是，不作假，不瞒报 | 不需要 |
| | 持续付出不亚于任何人的努力，每日反省、精进 | 需要 |
| | 有理想，勇担当，敢于挑战高目标 | 需要 |
| 拥抱变化 | 积极主动，乐于接受新事物 | 不需要 |
| | 面对变化，不抱怨，不推诿，积极主动影响他人 | 需要 |
| | 有前瞻意识，不断开拓新思路，建立新方法 | 需要 |
| | 主动持续学习，完善自我，引领变化 | 需要 |

## 打分标准

每一条行为项的得分为0分、0.5分和1分。其中，0分代表没有案例或者案例不符合该项价值观的行为要求，1分代表所举案例完全符合要求，0.5分处于两者之间。

为了保证打分的客观性和正确性，我针对每条价值观确定了具体的打分标准，举例如下。

样例一：价值观“务实进取”中的“实事求是，不作假，不瞒报”。

打分标准：没有不符合的案例得1分，出现以下说明中的一条或者以下没有描述但明显不符合本条要求的不得分，不得分情况说明如表12-6所示。

表12-6 不得分情况说明

| 序号 | 说明 |
|---|---|
| 1 | 提供信息与事实不符 |
| 2 | 夸大宣传 |
| 3 | 过度承诺，给客户无法实现的承诺 |
| 4 | 考核数据作假 |
| 5 | 犯错后隐瞒不报 |

样例二：价值观“拥抱变化”中的“面对变化，不抱怨，不推诿，积极主动影响他人”。

打分标准：没有案例得0分，可举出符合表12-7内容中任意一条的一个案例得0.5分，可举出两个或两个以上的案例得1分。

表12-7 可举证内容说明

| 序号 | 说明 |
|---|---|
| 1 | 客户（包括内部客户）已经基本确定的需求突然发生较大变动时，不抱怨客户，而是积极应对，成功完成合作 |

（续表）

| 序号 | 说明 |
| --- | --- |
| 2 | 面对客户（包括内部客户）的不理解，能调整积极的心态，不抱怨客户，而是积极获得客户的谅解与支持 |
| 3 | 同事遇到困难或挫折时，积极引导，协助同事解决问题 |
| 4 | 团队遇到困难或问题时，积极主动想办法解决问题 |

## 确定打分周期与流程

每一个季度进行一次打分，获得的积分在下一个季度的价值观工资中使用，打分的流程如下。

第一，人力资源部在每季度初发出通知。

第二，由员工针对价值观进行行为举证、自评，之后提交部门负责人。

第三，部门负责人在当月15日之前完成打分，打分的建议流程如下（各部门可以参照如下流程确定符合自身的流程）。

- 召开述职大会，建议部门的所有员工都参与，以便通过述职相互了解和学习。
- 员工分别针对案例进行述职说明。
- 打分人针对所举案例进行提问确认，也可以针对价值观的执行情况提出建议。
- 打分人根据员工的述职情况进行打分。

第四，打分结束后，部门负责人将打分结果提交人力资源部备案，人力资源部有审核权和一票否决权。人力资源部若审核不合格，就可以发回重新进行打分。人力资源部若发现两次不合格，就对该部门负责人进行警告。人力资源部若发现三次不合格或者连续两个周期出现打分不合格，就可根据情况确定对该部门负责人进行免职、降职或降薪处理。人力资源部的审核主要包括如下内容。

- 员工的案例不符合要求，但是打分较高。
- 员工的案例不真实。
- 打分结果出现轮流坐庄的情况。
- 打分结果被员工投诉，且经查存在违规情况。

第五，人力资源部审核后，提交总经理审批。总经理拥有最终结果的一票否决权。

## 确定打分人

打分人可以是员工的直接上级，也可以是评估委员会（可由部门负责人根据情况组建）。

## 打分结果应用——价值观工资

价值观工资采用排名法进行确定，具体包括如下方式。

第一，对价值观得分进行排名。在价值观打分结束后，公司会根据每个人的价值观考核得分在部门内进行排序，根据排序的高低将员工分为A、B、C、D四档，分别赋予800、600、400、200的标准积分。

第二，价值观分档采用强制分布法，其四档的分布比例为20%、30%、40%、10%，具体人数采用四舍五入法，该档级总人数不足1人的可按1人计算。

第三，价值观排名工资标准为4元/标准积分，其工资标准根据情况定期进行调整。

# 后 记

完成本书的时候，正值新型冠状病毒肆虐之际，全国上下都在奋力“抗疫”。想起刚刚看到的陆游的那句诗“位卑未敢忘忧国”，突然深有感慨，不管是奋战在抗疫一线的医务人员，还是为了保证大家正常生活和防止疫情扩散的保障人员，抑或我们这些只能从内心为疫区、中国“摇旗呐喊”的普通老百姓，都是一些平凡人，但是在大是大非面前，大家又都是万众一心的中国人，又都是没有什么可以打垮的中国人！希望疫情早日结束，希望每个人都平平安安，希望未来不会再有这样的灾难。

发自内心感谢那些让我们的生活有保障、安全感的人！

在新冠疫情期间，我响应“不出门就是做最大贡献”的号召，安心窝在家里，正好有时间把这本之前已经基本完成的书从头到尾做了一些修订，即便如此，仍然深感本书还有太多的不足之处。鉴于本人能力有限，只希望阅读本书的人能有一些收获就好。

# 参考文献


[1] 况阳.绩效使能：超越OKR[M].北京：机械工业出版社，2019.

[2] 姚琼.世界500强绩效管理你学得会[M].北京：中华工商联合出版社，2017.

[3] 徐斌，魏婕，西楠.教练式领导力[M].北京：人民邮电出版社，2012.

[4] 陈伟.阿里巴巴人力资源管理[M].苏州：古吴轩出版社，2017.

[5] 克里斯蒂娜·沃特克.OKR工作法：谷歌、领英等顶级公司的高绩效秘籍[M].北京：中信出版社，2019.

[6] 姚琼.OKR使用手册[M].北京：中信出版社，2019.

[7] 罗伯特·卡普兰，戴维·诺顿.平衡计分卡战略实践[M].北京：中国人民大学出版社，2009.

[8] 尼尔·布朗，斯图尔特·基利.学会提问[M].北京：机械工业出版社，2014.

[9] 斯坦利·麦克里斯特尔.赋能：打造应对不确定性的敏捷团队[M].北京：中信出版社，2017.

[10] 瑞·达利欧.原则[M].刘波，綦相，译.北京：中信出版社，2018.

[11] 安迪·格鲁夫.格鲁夫给经理人的第一课：畅销版[M].巫宗融，译.北京：中信出版社，2017.

[12] 黄志伟. 华为人力资源管理[M]. 苏州：古吴轩出版社，2017.

[13] 陈伟. 腾讯人力资源管理[M]. 苏州：古吴轩出版社，2018.

[14] 甘延青. 华为绩效管理法[M]. 北京：台海出版社，2018.

[15] 丹尼尔·平克. 驱动力：在奖励与惩罚已全然失效的当下，如何焕发人的热情[M]. 杭州：浙江人民出版社，2012.

[16] 约翰·惠特默，惠特莫尔. 高绩效教练[M]. 林菲，徐中，译. 北京：机械工业出版社，2015.